杭州优秀传统文化丛书

Hangzhou Youxiu Chuantong Wenhua Congshu

一城湖山
竞风雅

古兰月———著

杭州出版社

图书在版编目（CIP）数据

一城湖山竞风雅 / 古兰月著 . -- 杭州 : 杭州出版社 , 2022.8
（杭州优秀传统文化丛书）
ISBN 978-7-5565-1683-4

Ⅰ . ①一… Ⅱ . ①古… Ⅲ . ①文人－生平事迹－杭州－古代 Ⅳ . ① K825.4

中国版本图书馆 CIP 数据核字（2022）第 003186 号

Yi Cheng Hushan Jing Fengya

一城湖山竞风雅

古兰月/著

责任编辑　俞倩楠
装帧设计　李轶军　祁睿一
美术编辑　章雨洁
责任校对　萧　燕
责任印务　屈　皓
出版发行　杭州出版社（杭州市西湖文化广场32号6楼）
　　　　　电话：0571-87997719　邮编：310014
　　　　　网址：www.hzcbs.com
排　　版　浙江时代出版服务有限公司
印　　刷　天津画中画印刷有限公司
经　　销　新华书店
开　　本　710 mm × 1000 mm　1/16
印　　张　13.5
字　　数　166千
版印次　2022年8月第1版　2022年8月第1次印刷
书　　号　ISBN 978-7-5565-1683-4
定　　价　58.00元

序 言

文化是城市最高和最终的价值

我们所居住的城市，不仅是人类文明的成果，也是人们日常生活的家园。各个时期的文化遗产像一部部史书，记录着城市的沧桑岁月。唯有保留下这些具有特殊意义的文化遗产，才能使我们今后的文化创造具有不间断的基础支撑，也才能使我们今天和未来的生活更美好。

对于中华文明的认知，我们还处在一个不断提升认识的过程中。

过去，人们把中华文化理解成"黄河文化""黄土地文化"。随着考古新发现和学界对中华文明起源研究的深入，人们发现，除了黄河文化之外，长江文化也是中华文化的重要源头。杭州是中国七大古都之一，也是七大古都中最南方的历史文化名城。杭州历时四年，出版一套"杭州优秀传统文化丛书"，挖掘和传播位于长江流域、中国最南方的古都文化经典，这是弘扬中华优秀传统文化的善举。通过图书这一载体，人们能够静静地品味古代流传下来的丰富文化，完善自己对山水、遗迹、书画、辞章、工艺、风俗、名人等文化类型的认知。读过相关的书后，再走进博物馆或观赏文化景观，看到的历史遗存，将是另一番面貌。

过去一直有人在质疑，中国只有三千年文明，何谈五千年文明史？事实上，我们的考古学家和历史学者一直在努力，不断发掘的有如满天星斗般的考古成果，实证了五千年文明。从东北的辽河流域到黄河、长江流域，特别是杭州良渚古城遗址以距今5300—4300年的历史，以夯土高台、合围城墙以及规模宏大的水利工程等史前遗迹的发现，系统实证了古国的概念和文明的诞生，使世人确信：这里是古代国家的起源，是重要的文明发祥地。我以前从来不发微博，发的第一篇微博，就是关于良渚古城遗址的内容，喜获很高的关注度。

我一直关注各地对文化遗产的保护情况。第一次去良渚遗址时，当时正在开展考古遗址保护规划的制订，遇到的最大难题是遗址区域内有很多乡镇企业和临时建筑，环境保护问题十分突出。后来再去良渚遗址，让我感到一次次震撼：那些"压"在遗址上面的单位和建筑物相继被迁移和清理，良渚遗址成为一座国家级考古遗址公园，成为让参观者流连忘返的地方，把深埋在地下的考古遗址用生动形象的"语言"展示出来，成为让普通观众能够看懂、让青少年学生也能喜欢上的中华文明圣地。当年杭州提出西湖申报世界文化遗产时，我认为这是一项需要付出极大努力才能完成的任务。西湖位于蓬勃发展的大城市核心区域，西湖的特色是"三面云山一面城"，三面云山内不能出现任何侵害西湖文化景观的新建筑，做得到吗？十年申遗路，杭州市付出了极大的努力，今天无论是漫步苏堤、白堤，还是荡舟西湖里，都看不到任何一座不和谐的建筑，杭州做到了，西湖成功了。伴随着西湖申报世界文化遗产，杭州城市发展也坚定不移地从"西湖时代"迈向了"钱塘江时代"，气势磅礴地建起了杭州新城。

从文化景观到历史街区，从文物古迹到地方民居，众多文化遗产都是形成一座城市记忆的历史物证，也是一座城市文化价值的体现。杭州为了把地方传统文化这个大概念，变成一个社会民众易于掌握的清晰认识，将这套丛书概括为城史文化、山水文化、遗迹文化、辞章文化、艺术文化、工艺文化、风俗文化、起居文化、名人文化和思想文化十个系列。尽管这种概括还有可以探讨的地方，但也可以看作是一种务实之举，使市民百姓对地域文化的理解，有一个清晰完整、好读好记的载体。

传统文化和文化传统不是一个概念。传统文化背后蕴含的那些精神价值，才是文化传统。文化传统需要经过学者的研究提炼，将具有传承意义的传统文化提炼成文化传统。杭州与丛书作者在创作方面作了种种古为今用、古今观照的探讨交流，还专门增加了"思想文化系列"，从杭州古代的商业理念、中医思想、教育观念、科技精神等方面，集中挖掘提炼产生于杭州古城历史中灵魂性的文化精粹。这样的安排，是对传统文化内容把握和传播方式的理性思考。

继承传统文化，有一个继承什么和怎样继承的问题。传统文化是百年乃至千年以前的历史遗存，这些遗存的价值，有的已经被现代社会抛弃，也有的需要在新的历史条件下适当转化，唯有把传统文化中这些永恒的基本价值继承下来，才能构成当代社会的文化基石和精神营养。这套丛书定位在"优秀传统文化"上，显然是注意到了这个问题的重要性。在尊重作者写作风格、梳理和讲好"杭州故事"的同时，通过系列专家组、文艺评论组、综合评审组和编辑部、编委会多层面研读，和作者虚心交流，努力去粗取精，古为今用，这种对文化建设工作的敬畏和温情，值得推崇。

人民群众才是传统文化的真正主人。百年以来，中华传统文化受到过几次大的冲击。弘扬优秀传统文化，需要文化人士投身其中，但唯有让大众乐于接受传统文化，文化人士的所有努力才有最终价值。有人说我爱讲"段子"，其实我是在讲故事，希望用生动的语言争取听众。今天我们更重要的使命，是把历史文化前世今生的故事讲给大家听，告诉人们古代文化与现实生活的关系。这套丛书为了达到"轻阅读、易传播"的效果，一改以文史专家为主作为写作团队的习惯做法，邀请省内外作家担任主创团队，组织文史专家、文艺评论家协助把关建言，用历史故事带出传统文化，以细腻的对话和情节蕴含文化传统，辅以音视频等其他传播方式，不失为让传统文化走进千家万户的有益尝试。

中华文化是建立于不同区域文化特质基础之上的。作为中国的文化古都，杭州文化传统中有很多中华文化的典型特征，例如，中国人的自然观主张"天人合一"，相信"人与天地万物为一体"。在古代杭州老百姓的认知里，由于生活在自然天成的山水美景中，由于风调雨顺带来了富庶江南，勤于劳作又使杭州人得以"有闲"，人们较早对自然生态有了独特的敬畏和珍爱的态度。他们爱惜自然之力，善于农作物轮作，注意让生产资料休养生息；珍惜生态之力，精于探索自然天成的生活方式，在烹饪、茶饮、中医、养生等方面做到了天人相通；怜惜劳作之力，长于边劳动，边休闲娱乐和进行民俗、艺术创作，做到生产和生活的和谐统一。如果说"天人合一"是古代思想家们的哲学信仰，那么"亲近山水，讲求品赏"，应该是古代杭州人的生动实践，并成为影响后世的生活理念。

再如，中华文化的另一个特点是不远征、不排外，这体现了它的包容性。儒学对佛学的包容态度也说明了这一点，对来自远方的思想能够宽容接纳。在我们国家的东西南北甚至是偏远地区，老百姓的好客和包容也司空见惯，对异风异俗有一种欣赏的态度。杭州自古以来气候温润、山水秀美的自然条件，以及交通便利、商贾云集的经济优势，使其成为一个人口流动频繁的城市。历史上经历的"永嘉之乱，衣冠南渡"，"安史之乱，流民南移"，特别是"靖康之变，宋廷南迁"，这三次北方人口大迁移，使杭州人对外来文化的包容度较高。自古以来，吴越文化、南宋文化和北方移民文化的浸润，特别是唐宋以后各地商人、各大商帮在杭州的聚集和活动，给杭州商业文化的发展提供了丰富营养，使杭州人既留恋杭州的好山好水，又能用一种相对超脱的眼光，关注和包容家乡之外的社会万象。这种古都文化，也代表了中华文化的包容性特征。

城市文化保护与城市对外开放并不矛盾，反而相辅相成。古今中外的城市，凡是能够吸引人们关注的，都得益于与其他文化的碰撞和交流。现代城市要在对外交往的发展中，进行长期和持久的文化再造，并在再造中创造新的文化。杭州这套丛书，在尽数杭州各色传统文化经典时，有心安排了"古代杭州与国内城市的交往""古代杭州和国外城市的交往"两个选题，一个自古开放的城市形象，就在其中。

"杭州优秀传统文化丛书"团队在传统和现代的结合上，想了很多办法，做了很多努力。传统文化丛书要得到广大读者接受，不是件简单的事。我们已经走在现代化的路上，传统和现代的融合，不容易做好，需要扎扎实实地做，也需要非凡的创造力。因为，文化是城市功能的最高价值，也是城市功能的最终价值。从"功能城市"走向"文化城市"，就是这种质的飞跃的核心理念与终极目标。

2020 年 9 月

（单霁翔，中国文物学会会长）

西湖图（局部）

目 录

引　言

　　杭州历史悠久，文风鼎盛，名人辈出。古往今来，无数文人雅士在此留下了深深的印记。他们身处不同的时代，经历不同的成长过程，拥有不同的人生况味。他们大多学识渊博，一身正气，表现出高尚的人格魅力。

　　叶落归根，吟就千古名篇《回乡偶书》的贺知章先生；十上不第，恩泽黎民百姓的罗隐先生；隐居西湖，具有爱国情怀的李清照先生；辞官归田，著述《西湖游览志》的田汝成先生；博采众长，开创"武林画派"的蓝瑛先生；独辟蹊径，成就中国古典喜剧经典的高濂先生；数易其稿，完成曲中巨擘《长生殿》的洪昇先生；傲骨铮铮，不为五斗米折腰的杭世骏先生；复制西湖，打造"壶中天地"的袁枚先生……虽然他们的背影已渐行渐远，但他们的精神依然在延续。

　　本书尝试拂去历史的烟尘，用当下的理解去还原、修复沉寂在历史烟云中的碎片，将文人雅士与杭州的点滴故事讲述给读者，与大家一起分享他们的喜怒哀乐、爱恨情仇，还读者一个曾经的杭州，展望一个未来的杭州。

优秀传统文化，是中华民族的根与魂。历史上的文人雅士，是杭州宝贵的精神财富，是杭州优秀传统文化的重要组成部分，他们的精神值得传承与弘扬，并在传承中不断发展，在发展中不断传承，持续不断地绽放出绚丽的光芒。

穿越半个世纪的乡愁

贺知章（约659—约744），字季真，晚年自号四明狂客、秘书外监，越州永兴（今浙江杭州萧山）人。唐代诗人、书法家。

贺知章少时即以诗文知名，唐武后证圣元年（695）中进士，是浙江历史上第一位有资料记载的状元，为当时蜚声长安的"吴中四士"之首。其诗文以绝句见长，写景、抒怀之作风格独特，清新潇洒。其中《咏柳》《回乡偶书》等脍炙人口，千古传诵。

状元及第

唐天宝三载（744），越州永兴。

一位耄耋老人走下马车，站在史家桥村口，深情地注视着眼前这个村庄。夕阳的余晖斜斜地洒下，给这个村庄抹上了一层夕阳红，静谧而祥和。

这是他的故乡，阔别近五十年魂牵梦萦的老家！他感慨万千：湘湖还是那湘湖，波光潋滟，鹭鸟飞翔；文笔峰还是那文笔峰，树木葱茏，绿荫如盖。这一山一水，还是那么的熟悉，还是他梦里的湘湖，梦里的文笔峰，梦里的史家桥，梦里的老家。只是，故乡的人已不再熟悉，擦肩而过的乡民，都把他当成了外乡人。

这时，一个小孩蹦蹦跳跳从他身旁经过。他用永兴方言与孩童搭讪，小孩歪着小脑袋，仔细地打量了他一番，然后问："爷爷，您从哪里来的呀？找谁家的人？"

孩童这不经意的一问，让他思绪万千、五味杂陈，他捋了捋花白的胡须，脱口而出：

少小离家老大回，乡音无改鬓毛衰。
儿童相见不相识，笑问客从何处来。

这就是著名的《回乡偶书》，这位耄耋老人就是贺知章。

"皇都得意归故里，奉旨还乡思家桥。"这是永兴一带流传的道士唱本，"思家桥"即今天的萧山区蜀山街道知章村①，毗邻湘湖，风光旖旎、人杰地灵。

大约是唐显庆四年（659），贺知章诞生在文笔峰下一户人家。他自幼聪明好学，博览群书，"少以文词知名"。永兴是一个鱼米之乡，盛产莲藕，收获季节，乡野间荷叶田田，莲藕飘香。一日，贺知章的母亲到山里劳作，受山中邪气侵袭而得了怪病，走不了路，干不了活，一家人生活陷入困境。少年贺知章极为懂事、孝顺，为了生计，只好出去行乞，但他又放心不下母亲。于是，每天外出，他都要挑着一担箩筐，前担其母，后担经书，行走在乡间小道上，偶有闲暇，便坐在村头巷尾的石墩上读起书来，直到母亲唤他回家才起身。后来，乡人戏

① 2005 年 5 月，史家桥、华汇、沿山三个自然村合并为知章村。

知章公园

称贺知章为"贺担僧"，称他的母亲为"箩婆"。现在，当地有箩婆寺，有贺知章艺术馆，还修建了知章公园。乡人戏称母子俩"箩婆"与"贺担僧"，虽有调侃之意，但并无恶意，反而饱含着乡民的深深敬意与赞誉。

证圣元年（695），贺知章意气风发，赴京赶考，一举高中状元，成为越州第一位状元郎，也是浙江历史上有文字记载的第一位状元。

吴中诗狂

状元及第，贺知章的文辞名扬京城。

贺知章与张若虚、包融、张旭都是江浙一带的人，因此当时四人被称为"吴中四士""吴中四友"或"吴中四杰"，驰名长安。

有了这名头，贺知章在朝中备受关注，皇上命他参与《唐六典》的起草工作，可当时的一位大臣看不惯他，说他撰写的部分与事实不符，处处与他作对。

贺知章心中郁闷，喊上了表兄弟一起去喝酒，喝着喝着便醉了。趁着一股子酒劲，两个人互相搀扶着跑到大臣家中，醉醺醺地踹他家的门，那大臣并不在家，可他的夫人吓得不轻，隔着门连连解释说他被皇上召去了宫中。

第二天醒了酒，贺知章后悔莫及，决定登门致歉。可刚迈出家门，竟然看见了那位大臣的马车停在外面。贺知章本以为他是来讨说法的，可没承想他一下马车竟深深鞠了一躬，随后向贺知章赔礼道歉。原来，皇上知晓他多次刁难贺知章后，将其召入宫中训斥，并责令他向贺知章赔礼道歉。

酗酒闹事，状元郎贺知章之狂，可见一斑。

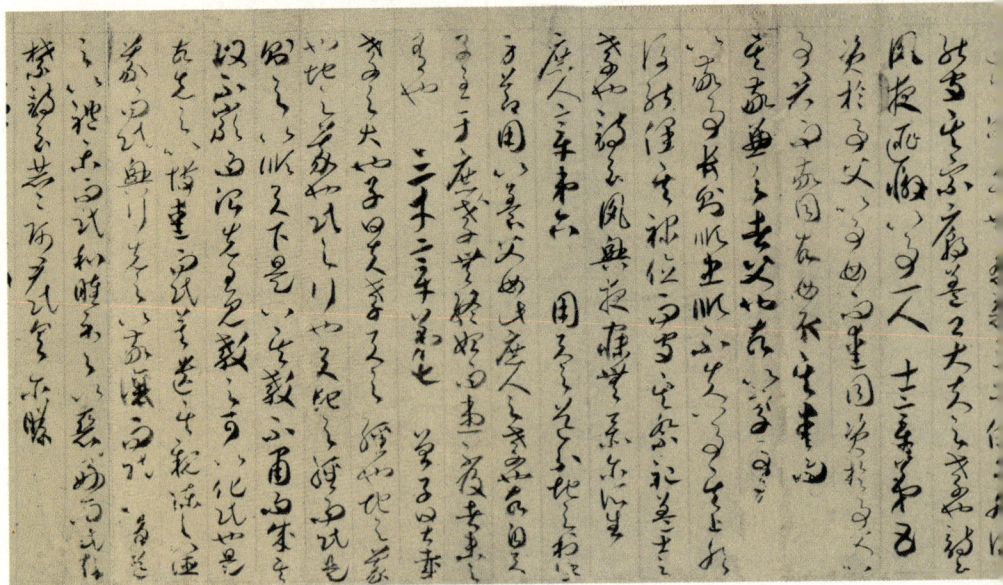

贺知章人狂、诗狂，书法也狂。他擅草书，《述书赋》赞其"落笔精绝"，"与造化相争，非人工所到也"；温庭筠称"知章草书，笔力遒劲，风尚高远"；在《送贺宾客归越》诗中，李白赞其"应写黄庭换白鹅"。

遗憾的是，贺知章存世书法作品只有两件：一件是草书《孝经》，17世纪后半期流落日本，直到2006年3月才回到中国，在上海博物馆举办的"中日书家珍品展"上展出；另一件存世作品是楷书《龙瑞宫记》，已被完整地镌刻在会稽山东南宛委山景区的飞来石上，阴刻，笔力遒劲，风尚高远，后人难以望其项背。

嗜酒、好道、豪放、率真，是贺知章与李白、李适之、李琎、崔宗之、苏晋、张旭、焦遂等人的共性，杜甫称他们为"饮中八仙"，还写了一首《饮中八仙歌》，把"八仙"描写得惟妙惟肖，其中贺知章的醉态更是刻画得入木三分："知章骑马似乘船，眼花落井水底眠。"

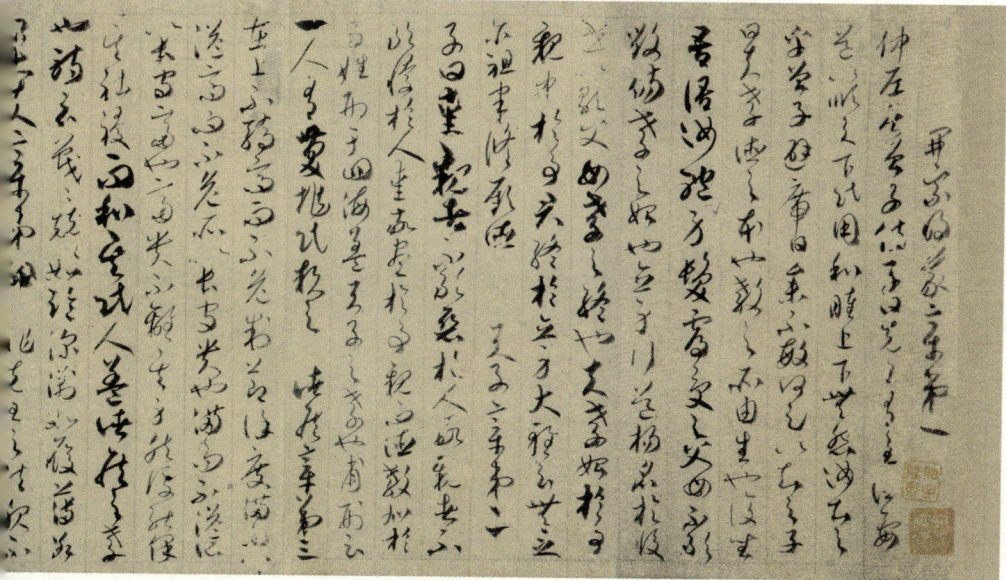

〔唐〕贺知章　草书《孝经》（局部）

骑在马上摇头晃脑、醉眼昏花、前俯后仰，就像坐船一样在浪里颠簸，一不小心掉到枯井里，呼噜睡去……贺知章称得上是头号"酒仙"了。

贺知章一辈子经历了五个皇帝。唐玄宗登基后，对他的才学人品极为看重，命他兼任太子李亨右庶子、侍读，作为太子的老师传道授业。

盛世唐朝，歌舞升平，文人墨客辈出。贺知章的好友张旭，酒后大醉时，竟以头发蘸墨而书，人称"张颠"。

这一日，贺知章喝得恍恍惚惚的，独自一人在长安长巷踱步，听到背后有人在大呼大叫。

贺知章回头望去，大声呼叫的正是张旭。

贺知章摇摇晃晃地走过去，只见那张旭已喝得酩酊大醉，在一面墙上写了字迹潦草的诗句，一歪头看到了贺知章，刚想张嘴说话，却一头栽倒，倚着墙根睡着了。

贺知章花了点钱，请一旁的货郎将张旭抬到了自己家中，又命人细心照顾。直到傍晚时分，张旭才迷迷糊糊地醒过来。

"仁兄为何事喝那么多？又在墙上写下那样的诗句？"

贺知章正坐在张旭旁边的椅子上温书，因第二日又到了给太子考书的日子。

"我还以为自己被官府抓走了呢。"张旭晃了晃脑袋，发现头还是有些晕，就向贺知章讨了碗茶喝。

"不管出于何种原因，你并非皇亲国戚，又怎能和当今宰相抗衡？"

贺知章一针见血。今日，张旭在长巷墙上写下的诗句，正是影射皇上轻信宰相李林甫的讥讽之词。

"季真兄，您是知道的，我一旦喝了酒就会奔走呼号，街坊四邻也都喊我张颠，一个疯疯癫癫的人，就算被抓住了又能怎样？连处理我的必要都没有。"

张旭的脾气贺知章又怎会不知？都是和自己一样的耿直性子，与其说是豪爽耿直，倒不如说是莽莽撞撞。

"不过话说回来，季真兄怎会这么巧地路过长巷，难不成也是去喝酒的？"

张旭嗅到了屋里的酒味，不单单是自己喝的那种，还有另一种酒的气味。

"唉，我最近也很烦恼，太子那边的俸禄被一再降低，还好我身兼工部侍郎，要不然怕是买壶酒都买不起了。"

贺知章将书扣在桌子上，微微叹息。

"怎么？季真兄身为太子侍读，也会被克扣俸禄吗？"

贺知章没有回答，只是命下人准备饭菜，让张旭在家中用过晚饭之后再回去。

其实，贺知章苦恼的并不是他自己，而是同为太子侍读的好友薛令之。贺知章任太子侍读不久，而薛令之早就在太子身边教导了。

当朝宰相李林甫与太子素来不和，很多时候都会有意与太子一方过不去。而唐玄宗对这位宰相是万般信任，按朝中某些人士的说法，唐玄宗做任何决定之前都要征求李林甫的意见，有些甚至要得到李的首肯才会付诸实施。

李林甫暗中克扣太子近臣的俸禄，对于贺知章来说影响不大，一方面他身兼其他职务，另一方面他素不加入任何派系，况且他已是六七十岁，李林甫虽将他列入太子一党，但对他也还算敬重。

前些时日，薛令之与贺知章一同喝酒，酒过三巡以后，薛令之说起自己的俸禄经常被克扣，加上因妻子生病花光了积蓄，儿子在地方当县令也只是勉强维持生计，一家人日子过得日渐拮据，说着说着竟然抽泣起来。

贺知章听闻，慷慨解囊，让薛令之回去好好医治妻子。此举虽解了薛令之的燃眉之急，但贺知章见当朝学士竟窘迫至此，也是唏嘘不已。

就在秋日的一天，贺知章收到消息，一同教导太子的薛令之竟告病东归了，说是因一首诗获罪。

贺知章无法相信一向沉稳的薛令之，竟会做出如此匪夷所思的事情。

原来，是薛令之在宫内的石壁上随手题了一首诗：

> 朝日上团团，照见先生盘。
> 盘中何所有？苜蓿长阑干。
> 饭涩匙难绾，羹稀箸易宽。
> 只可谋朝夕，何由保岁寒。

万万没想到，这首诗被刚好经过的唐玄宗看到。薛令之这首诗虽然满是委屈，但是唐玄宗看到之后必然是会恼怒的，凭他对教育的重视程度，用当今"再穷不能穷教育，再苦不能苦孩子"来形容也一点不为过。

当然，对于宰相李林甫曾经多次克扣俸禄一事，唐玄宗并不知情，所以在他看来，这首诗就是薛令之拿着高额俸禄却人心不足，还公然指责皇帝苛待于他。于是，唐玄宗便在其诗后提笔写了一首诗加以训斥，并差人去找薛令之品诗。

薛令之自是满心委屈和愤怒，一边是快揭不开锅的自己，另一边是不分青红皂白指责自己的唐玄宗，无奈之下，他选择了离开。

薛令之辞去太子侍读的职位，同时也责令儿子一并辞官，两人就此离开了朝廷。

此事让贺知章对李林甫的所作所为越来越心存不满，也成为他在耄耋之年辞官归隐的重要原因之一。

重归故里

天宝三载（744），年迈的贺知章因过度劳累大病了一场，以为要寿终正寝。相传，一天夜里，他梦见一位下凡仙女，仙女劝他辞官到深山修行，他不假思索便应允了。不几日，他的病居然痊愈了。于是，他准备向皇上递交辞呈，告老还乡，修道延年。

长安皇城，金銮殿上，李隆基正襟危坐在龙椅上。

"老臣叩见陛下。"贺知章郑重其事地跪在地上，行了叩拜礼。

"爱卿无须多礼，快快请起！"皇帝很是敬重贺知章。

"今日老臣前来辞官，这大礼还是要行的。只是不知道陛下可收到老臣昨日的奏章？微臣尚有两事恳请陛下恩准。"

李隆基先前已在贺知章的奏章中得知其意欲告老还乡，寻求道法，为大唐祈求国运。此番他前来觐见，去意更是坚决，故不再挽留，和颜道："爱卿但说无妨。"

"一是臣恳请陛下恩准，将老臣京城宅邸改建为道观，供信徒使用；第二件便是请陛下恩准，设周宫湖数顷为放生池。"

李隆基本以为贺知章会为自己和家人祈求恩赐，可万万没有想到，贺知章所求的唯有弘扬道法，实为大仁大义。

"准奏！朕会在爱卿离京后将贺宅改为西京道观，赐名'千秋观'；隔日在京城东门设立帐幕，召集百官为爱卿饯行。卿家可还有何心愿？"

"老臣斗胆，还有一事恳请陛下恩准。老臣告老致仕，家中尚有一犬子未名，请陛下赐名，也算是对老臣重归故里的无上恩赐了。"

李隆基思量许久，开口说道："信乃道之核心，孚者，信也。卿之子宜名为孚。"

贺知章忙三叩首谢过圣恩，正式辞官。

隔日，京城东门，当朝太子带着朝中文武百官为贺知章饯行，太子亲自宣读了唐玄宗写给贺知章的送行诗：

> 遗荣期入道，辞老竟抽簪。
> 岂不惜贤达，其如高尚心。
> 寰中得秘要，方外散幽襟。
> 独有青门饯，群英怅别深。

随后，太子也赋诗一首以赠。贺知章偕同亲眷，坐着马车，穿过了帐幕，看着昔日朝堂上一个个熟悉的身影，不禁泪下……

数月后，贺知章回到越州永兴。忆当年离家，风华正茂，叹今日返归，已是耄耋之年，他不禁感慨万千，提笔写下了那首脍炙人口、广为传诵的《回乡偶书》。

在老家，贺知章过着当年陶渊明"采菊东篱下，悠然见南山"的隐居生活，游湖登山，喝点小酒，酒醉之后赋诗一首，然后一通狂草，闲云野鹤的日子过得十分滋润。

一日，贺知章又喝醉了。迷迷糊糊中，他仿佛看见一个少年挑着箩筐出去乞讨，前担其母，后担经书，行走在乡间小道上，坐在箩筐里的母亲脸上满是幸福的笑容。偶有闲暇，少年便坐在村头巷尾的石墩上读起书来，直到母亲唤他回家才起身……而现在，母亲不在了，青葱少年也成了耄耋老人，已是风烛残年，只有门前的湖水，在春风的微拂下荡漾着涟漪。

望着湖边随风轻拂的垂柳，他不禁想起某年初春二月，他看见高高的柳树抽出细长的绿叶，轻垂而下的柳条，就像刚化好妆容的少女，袅袅娜娜迎面而来，他不

万条垂下绿丝绦

禁吟道：

> 碧玉妆成一树高，万条垂下绿丝绦。
> 不知细叶谁裁出？二月春风似剪刀。

初读这首《咏柳》，它就像一首儿歌，明快清新，朗朗上口，充满童趣，仿佛一伸手就能感受到盎然的春意，就能体验到藏于记忆深处的童趣。

杭州人对柳树情有独钟。千年过去了，杭州西湖柳浪闻莺、苏堤春晓等景点依然柳树成荫，"二月春风"到来时，西湖及湘湖便会再现《咏柳》中的经典画面。

风范永续

天宝六载（747），贺知章去世大概三年后，李白游贺知章故乡越州，忆及二人吃酒作诗、"解金龟换酒为乐"

等往事，作《对酒忆贺监》二首，以寄托对友人的深切怀念之情。

> 四明有狂客，风流贺季真。
> 长安一相见，呼我谪仙人。
> 昔好杯中物，翻为松下尘。
> 金龟换酒处，却忆泪沾巾。

李白与贺知章相差了四十岁左右，他们是怎样相遇、相知，进而惺惺相惜的呢？说起这事，还有一段诗坛佳话。

天宝元年（742），李白来到京城长安，孤身一人住在小客店里。一天，李白游览著名的道观——紫极宫，偶遇贺知章。贺知章早就读过李白的诗，十分赞赏。此次邂逅，两人一见如故，一同去喝酒。席间，李白把刚写就的《蜀道难》给贺知章看，一见开篇"噫吁嚱，危乎高哉！蜀道之难，难于上青天！"的句子，贺知章就激动不已。

酒酣之后，贺知章由衷赞叹李白为"谪仙人"，于是后人就称李白为"诗仙"了。

二人你来我往，饮下了最后一杯酒。

"小二，来啊，给我们再上酒。"

贺知章伸手招呼店小二，可是那店小二却是一脸为难，走过来喃喃道："客官，你们刚刚给的酒钱已经花尽了，您看这……"

李白看了看贺知章，伸手摸了摸钱袋子，只是那钱袋子已经空空如也了。"哎哟，今日匆忙，忘多带些钱了……"

贺知章摸了摸自己的钱袋子，也空了。

"要不，今日就饮到此？来日小弟再请季真兄豪饮可好？"李白面红耳赤地看着贺知章，轻声说道。

"哎哟，可是这酒刚刚喝到兴头上，怎么办呢？有了！这个你拿去，不用找给我，今日任由我们兄弟尽兴地喝！"贺知章说着，一把解下了自己腰间挂着的金龟。

"这可使不得，使不得啊！季真兄不可！这可是您每日上朝必须佩戴的物件啊！"李白连忙上前阻止，同时寻思着用自己的佩剑做抵押。

"无妨无妨，只说是换酒了，再与皇帝要一个便是。今日难得遇见兄弟这般志同道合之人，当尽兴而归！"

李白实在是无力劝阻，只好跟小二说明日会有人来送钱，这金龟要原封不动地保存着。

那店小二要知道这位酒客的真实身份，哪怕搬空了酒坛子也不敢说酒钱不够之类的话，这会儿只是手心里小心翼翼地捧着金龟，连忙说定会收好。

李白一脸敬重地望着贺知章，眼前这位老者已是皇帝身边的红人了，相比起来，自己就没那么幸运了，虽已逾不惑之年，却还未实现入朝为官的心愿。

干完最后一杯酒，贺知章与李白摇摇晃晃地从酒肆离开。回到贺府，贺知章意犹未尽，让仆人准备了几碟小菜，又与李白推杯换盏喝上了。那一夜，李白就留宿在贺府。

隔日，天蒙蒙亮，贺知章已经穿上了官服，整理好鬓发，在园中饮茶。李白很少早起，正打着哈欠迷迷糊糊地整理装束。

贺知章让下人备了马车，天还没大亮就进了宫，等到皇上宣召时，已是一个时辰之后了。这一天，他做了两件事，一是起意辞去官职，二是举荐忘年之交。

"朕很欣慰！爱卿在此时还能竭力举荐有才华之人为朝堂分忧。这个李白朕也早有耳闻，只是不曾了解过。爱卿随奏章进献上来的诗词，朕都读了，李白确实颇有才华。只是在官职安排上，爱卿有何好建议？"

李隆基摸了摸龙椅上的金珠，虽说这贺知章是自己倚重的大臣，但是朝廷用人之事也是万万不能大意的。

"老臣不敢替陛下做决定。"贺知章答道。

"爱卿不必紧张，如实说来便是。"

"若非要老臣说，老臣并不知道李白适合何官职。只是老臣注意到陛下身边缺少一位处理制诰书敕等公文的能干之人。老臣辞官后实在放心不下，希望陛下可以保重龙体，寻找能用于侍奉的贤能之人。"

李隆基看了看贺知章，心想自己身边的确缺少一名贴心的侍奉之人，而且这样的官职无实权，随意给些名头便可；若是这个李白有真才实学，考量后再重用也无妨。

"爱卿体恤朕的身体，朕十分感动。那就宣李白觐见，若是可用，便封做翰林供奉。"

贺知章答道："臣年岁已高，实不堪再担当重任。如今陛下已觅得人品、学识兼优之人，臣心愿已了。"

李白终被召进宫中，任翰林供奉，从此声名鹊起。在贺知章离京还乡的那一天，李白写了首《送贺宾客归越》诗以赠，最后站在送行队伍中，眼含泪水，望着贺知章远去的背影，弯腰深深鞠躬，做了个长长的揖……

贺知章去世后，李白曾来到越州，缅怀他的挚友贺知章。这段诗坛佳话，彰显了贺知章豪放、旷达、率真的个性，也彰显了他胸怀社稷、唯才是举、提携后辈的高风亮节。

参考文献

1.〔后晋〕皇甫氏：《原化记》，载《太平广记》，中华书局，1961 年。

2.〔后晋〕刘昫等：《旧唐书》，中华书局，1975 年。

3.〔宋〕欧阳修、宋祁等：《新唐书》，中华书局，1975 年。

4.〔清〕彭定求等：《全唐诗》，中华书局，1960 年。

5.杜永毅：《唐代诗人贺知章故里考》，载《公共文化服务与图书馆实践的创新——浙江省图书馆学会第十次学术研讨会论文集》，2006 年。

大唐最后的"绝唱"

罗隐（833—910），原名罗横，字昭谏，后改名隐，自号江东生，杭州新城（今杭州富阳区新登镇）人，唐代文学家、学者。

罗隐曾应进士试，历七年不第。后断续参加科举，自称"十二三年就试期"，最终还是铩羽而归，史称"十上不第"。其诗名籍甚，今存诗歌约五百首，有诗集《甲乙集》传世。不少精警通俗的诗句流传至今，成为经典名言。他的讽刺散文成就突出，著有"愤懑不平之言，不遇于当世而无所以泄其怒之所作"的讽刺散文集《谗书》。

传奇留千古

"今朝有酒今朝醉""家财不为子孙谋""任是无情也动人""吴人何苦怨西施"……这些耳熟能详、脍炙人口的诗句，是中国古代诗坛的经典名句。

这些诗句的作者，正是唐代文学家罗隐。

说起罗隐，他的一生可谓传奇。在富阳，关于罗隐的民间故事有一箩筐，这些故事有的风趣幽默，有的寓教于乐，有的富有哲理。其中有一则关于他小时候的故事，流传极广：

相传罗隐的父亲是个农夫，在上山劳作时，与一个貌美如仙的老虎精相爱。农夫的哥哥发现这个秘密后，偷偷将老虎精的虎皮偷走，压在粪缸下。老虎精丢了虎皮，再也恢复不了原形，便与意中人结为夫妻，生下了一个男孩。后来，妯娌间发生了矛盾，嫂子一怒之下，将虎皮挖了出来，扔在她面前。老虎精就地一滚，恢复了原形，露出了本性，将嫂嫂、哥哥、丈夫都咬死了。正要咬男孩时，孩子的奶奶急中生智，用一只箩筐罩住了孩子，并用拐杖敲打老虎精的头，怒骂道："畜生！连自己的亲骨肉也要咬吗？"老虎精瞬间泪奔，长啸一声，转身离开了罗家，返回山林。

唐代是中国古代诗歌的高峰期，初唐四杰、盛唐李杜、晚唐小李杜，还有白居易等，名家辈出，大腕如林。生活在这样的朝代，读书人或多或少会受到一些影响，这就是社会风气。少年罗隐就受到这种风气的熏陶，熟读文史，能诗善文，闻名乡里，为世人所推崇，与同族才子罗虬、罗邺合称为"三罗"。只是与前辈们比起来，他名气略小，属于典型的"诗红人不红"。但罗隐出生在晚唐，那是一个动荡的时代，诗歌正在走下坡路，而他却一枝独秀，甚至比肩前人。

"苦恨年年压金线，为他人作嫁衣裳。"这是秦韬玉的诗，风行一时。

"采得百花成蜜后，为谁辛苦为谁甜。"这是罗隐的诗，意境更胜一筹。

罗隐碑林

"抽刀断水水更流，举杯消愁愁更愁。"这是李白的千古名句。

"今朝有酒今朝醉，明日愁来明日愁。"这是罗隐的诗句，那股精气神与李白一脉相承。

"朱门酒肉臭，路有冻死骨。"这是杜甫的诗，写得入木三分。

"长安有贫者，为瑞不宜多。"这是罗隐的诗，他与杜甫一样，都在为黎民百姓的温饱疾呼。

"国计已推肝胆许，家财不为子孙谋。"千年之前，罗隐的诗就表现出了满满的正能量。那时，或许他的子孙并不理解他忧国忧民的家国情怀，家财不为子孙谋，那又为谁谋？但他的富阳老乡却以此为荣，以他为原型创作了不少民间故事，脍炙人口，代代相传，成了富阳的精神富矿。

千年之后，富阳为他立了像，又立了碑林。

1995 年，富阳在新登镇贤明山北山腰兴建罗隐碑林。碑林里面有两个露天院子，四周镌刻着当代著名书法家刘海粟等题写的书法作品。走廊墙壁上的黑色大理石上刻满了罗隐的诗句。沿院子两边走廊往上走，便是罗隐纪念厅，内有高达两米多的罗隐雕像，旁边的黑色大理石碑上，镌刻着时任全国人大常委会副委员长蒋正华书写的罗隐诗句。

月是故乡明

学而优则仕。隋以后的绝大部分读书人都有这想法，都想通过科举考试一步登天，一展宏图，尤其对于贫寒子弟来说，这或许是他们改变命运的唯一出路。

罗隐也一样。

唐大中十三年（ 859 ）年底，富春江畔，落叶早已飘零，江水也瘦了一圈，渔夫都上岸了，只留下几只鸬鹚在江边守望，只要水里一有动静，它们便扑通扑通跳进冰冷的水里，折腾一番后，幸运的能抓上一条小鱼，但大多数还是无功而返。罗隐默默在江边看了一番鸬鹚捕鱼后，匆匆赴京赶路……

从富阳到长安，千里迢迢。罗隐来到京师后也没有好好温习功课，而是把偌大的长安城游了一遍，他对自己的科举之路信心满满，胸有成竹。可是，揭榜后，他竟名落孙山！第一次落榜不奇怪，可以解释为经验不足，临场发挥不好。可是第二年、第三年……连考七年，罗隐都榜上无名。后来，他又断断续续考了几年，还是没中。最终，罗隐不得不向现实低头，还自嘲"十二三年就试期"，不禁令人叹息。

虽然考场失意，但罗隐的才华却是公认的，深受当朝宰相郑畋、李蔚等一拨达官贵人的赏识，成为他们的座上宾，经常出席豪门夜宴，吟诗作赋，笙歌为伴。

《旧五代史》记载，罗隐"貌古而陋"。何光远也在《鉴诫录》中讲了一个故事：当朝宰相郑畋非常赏识罗隐的才华，罗隐便投其所好，经常献诗给他。郑畋的女儿也特别喜欢罗隐的诗，是个铁杆"罗粉"，整天捧着罗隐的诗集，念着罗隐的诗句，对罗隐是芳心暗动。在这位千金的心目中，这罗隐是一位不可多得的大才子，更是为数不多心系百姓的贤能之人，一定是风流倜傥、玉树临风，她特别希望能见上罗隐一面。机会说来就来，有一天罗隐拜访宰相府，千金小姐终于有机会一睹罗隐尊容了。她红着脸，隔着帘偷窥罗隐，不看不知道，一看吓一跳，这哪里是她的偶像？简直奇丑无比，惨不忍睹！千金小姐十分气恼，将罗隐的诗集全部焚毁，从此绝不读罗隐的诗。

其实，科举考试对考生的相貌也是有要求的，大凡相貌丑陋、身有残疾的都不能录取为官。这也许是罗隐不入考官法眼、屡试不中的缘由之一吧。

薛居正在《旧五代史》中除了说罗隐"貌古而陋"，还一针见血地说："（罗隐）诗名于天下，尤长于咏史，然多所讥讽，以故不中第。"

辛文房的《唐才子传》说："（罗隐）少英敏，善属文，诗笔尤俊拔，养浩然之气。……恃才忽睨，众颇憎忌。自以当得大用，而一第落落，传食诸侯，因人成事，深怨唐室。诗文多以讥刺为主，虽荒祠木偶，莫能免者。"

鲁迅在《小品文的危机》中说："唐末诗风衰落，而小品放了光辉。但罗隐的《谗书》，几乎全部是抗争和愤激之谈。"

在几位大师看来，罗隐屡试不中最重要的原因，是他的诗文"多讥讽""几乎全部是抗争和愤激之谈"，皇帝可不喜欢听这些，整天愤世嫉俗的，影响情绪。

《谗书》是罗隐落第后写的一本书。其中一篇《题神羊图》最为著名，大概的意思是说，尧舜时代有神羊，碰到不正之人，便以角抵撞他，后人常常将羊的头角画得很怪异，以为这样才是神圣之物。尧舜的羊和现在的羊本来就是一样的，只不过那时候的羊淳朴，现在的羊变得贪狠。羊角还是那个羊角，只是本性变了，不能分辨是非曲直了。

此处不留人，自有留人处，罗隐决定离开京畿之地。此时，正值军阀割据，天下大乱。太平盛世，一切都是按部就班，而乱世，或许藏着机遇，还能寻到另一条路。罗隐虽放弃当前，但他并没有放弃未来，心中的那一团火还没有完全熄灭。他不甘心，他要寻找他的伯乐，寻找那一片属于他的天空。

咸通十一年（870），罗隐进入湖南幕府，次年受任衡阳主簿，不久就告假离去，后游历大梁、淮、润等地，但不幸的是，他没有碰到伯乐。

失望之余，罗隐想到了他的家乡。

《唐才子传》中有一段故事，原文如下："隐初贫来赴举，过钟陵，见营妓云英有才思。后一纪，下第过之。英曰：'罗秀才尚未脱白。'隐赠诗云：'钟陵醉别十余春，重见云英掌上身。我未成名英未嫁，可能俱是不如人。'"

十多年前，一个才高八斗，一个色艺俱佳，才子佳人，互诉倾慕。十多年后，再过钟陵，一个还是功名未就，一个已人老珠黄，一句"我未成名英未嫁"，道尽"同是天涯沦落人"的无奈、哀伤与感叹。千年来，这首《嘲钟陵妓云英》，让多少同病相怜之人落泪！

都说"月是故乡明"，罗隐向着富春江的方向，一步一步走来。眼看故乡越来越近，但走到池州（今安徽池州），碰上了黄巢起义。在池州刺史窦潏的帮助下，罗隐避居九华山，寄身道学，直到883年，他才离开池州，留下一首《别池阳所居》：

> 黄尘初起此留连，火耨刀耕六七年。
> 雨夜老农伤水旱，雪晴渔父共舟船。
> 已悲世乱身须去，肯愧途危迹屡迁。
> 却是九华山有意，列行相送到江边。

枯木又逢春

"过丹阳，至钱唐。临浙江，水波恶……上会稽，祭大禹。"《史记》的这一段，详细记录了始皇出游江浙地区的情况。公元前222年，秦始皇嬴政设置钱唐县。

一千多年后，一位盐贩出身的杭州人开始治理《史记》中的"水波恶"，修建了钱塘江捍海塘。一日，当钱塘江潮水汹涌而来，他命令弓弩手张弓射潮，"嗖嗖嗖"一通狂射，潮神成了箭下鬼，恶潮从此消失。这就是"钱王射潮"的民间传说。

这位钱王，就是五代吴越国的创建者——钱镠。公元907年，吴越国建立，杭州第一次成为首都。200多年后，北宋王朝都城汴京（今河南开封）被金兵攻克，赵构逃到了杭州，杭州改名临安，成了南宋的都城，杭州第二次成为首都。

就在钱镠南征北战之时，罗隐不是在四处漂泊，就是在九华山研习道教，完成了一部道家著作——《两同书》，还写了一部杂史——《广陵妖乱志》（一说作者为郭廷海）。在杂史中，罗隐把贪婪成性者、草菅人命者、以权谋私者、陷害忠良者等比作妖，他们虽有人形，也说人话，但早已走火入魔，比妖怪还妖怪。

钱镠"保境安民"的国策，使江浙一带在乱世中站稳脚跟，促进了发展，江浙经济逐渐繁荣。在罗隐的心目中，钱镠有大才，值得追随。他便匆匆离开九华山，回到杭州。

罗隐在京师混了多年，又在荆楚一带游历，还在九华山专修道家之法多年。这些经历让他对官场那一套已经了然于胸，但要向钱镠谋个一官半职，也不是那么容易，还得讲些策略。他眉头一皱，计上心来，写了一首诗，然后想办法送到了钱镠的府邸。

"一个祢衡容不得，思量黄祖谩英雄。"在诗里，罗隐把自己比作三国狂士祢衡，钱王你如果重用我，你就是宰相肚里能撑船的英雄，如果弃用我，你就是心胸狭窄的黄祖。

看到诗后，钱镠大笑，心想：天下还有这等奇人，居然把求职信写成了挑战书，罗隐啊罗隐，我钱镠征战南北、阅人无数，还真没有一个向我叫板的，好，我就喜欢你这副德行！于是，他挥笔写下了"仲宣远托刘荆州，盖因乱世；夫子乐为鲁司寇，只为故乡"几句话。钱镠虽为一介武夫，却礼数周全，他把罗隐比作王粲、孔子这样的贤士，把自己比作刘表、鲁定公这样的平庸之主，为了求贤纳士，钱镠的姿态已经低到尘埃里去了。

罗隐看到这份回信后，感慨道："不能不去了！"

光启三年（887），在外漂泊了二十多年，兜兜转转大半个中国的罗隐，终于在自己的老家吴越国安顿了下来。早已过了天命之年的他，幸运地成了钱镠的左膀右臂。

这个舞台来之不易，得好好珍惜。罗隐迫不及待想一展他的政治才能。《十国春秋》中说，罗隐是个文人，虽然"性不喜军旅"，但"料事多中"。钱镠把罗隐视为亲信，两人常常推心置腹、促膝长谈，就连军国大事都征询他的意见。

罗隐是一个耿直之人，有啥说啥。朱温篡唐后，罗隐向钱镠进谏："王，唐臣，义当称戈北向。纵无成功，犹可退保杭越，自为东帝。奈何交臂事贼，为终古羞乎？"罗隐痛恨朱温篡唐，建议钱镠讨伐乱臣贼子朱温，成功更好，即使不成功，也可退守杭越，自己称帝。这建议听起来两全其美、万无一失，但钱镠最终没有采纳罗隐的策略。因为他有自己的盘算，一直坚持"善事中国（指立于中原地区的朝廷）"的方针，这是一个明智之举，既保证了江浙一带不被战火所累，又可以借中原力量牵制与吴越国接壤的淮南政权，远交近攻，才是上上策。

很显然，钱镠看得更远。钱镠就是钱镠，绝对的一代枭雄，他没有责怪罗隐的"馊主意"，反而更加器重他，毕竟罗隐的动机是好的，比起那些奉承阿谀之辈，他更喜欢有事说事、有啥说啥的罗隐。朱温也是一代枭雄，他成为后梁皇帝后，不但没有降罪于罗隐，还以谏议大夫的官职征召罗隐入朝为官，辅助他成就宏图大业，不过，罗隐谢绝了。

罗隐的忠心，钱镠看在眼里。

对于人才，钱镠是不嫌多的。之前，罗隐曾奉钱镠之命，从瑞安出发，乘木船沿飞云江溯流而上，又步行到莒江漈头村（今属泰顺新浦），寻访隐居在这里的谏议大夫吴畦，劝他出山，辅助钱镠。

有一次，钱镠带着文武官员巡视新建成的杭州罗城。钱镠感慨道："百步一敌楼，足言金汤之固。"

"敌楼不若内向为佳。"罗隐缓缓说道。言外之意，城墙可以防御外敌的入侵，但统治者如果不执行善政，不处理好内部的关系，萧墙之祸才是最危险的敌人。

有人经常给自己敲敲警钟，提醒提醒，也是好事。罗隐的忠心换来了钱镠的信任，多次获得提升，历任钱塘县令、司勋郎中、给事中等要职。人到暮年遇知音，这是人生的一件幸事。罗隐从心里感谢钱镠，是他给了自己机会，给了自己舞台，大恩大德无以为谢。

最是家国情

罗隐的青春年华都在路上，都在漂泊。"十上不第"的落魄，千金小姐的不屑，"云英未嫁"的感伤，九华山的孤寂……让他看尽世态炎凉，看破滚滚红尘，也深知民间疾苦，人生不易。

唐景福二年（893），钱镠被授予镇海军节度使，驻杭州。按照惯例，节度使要向朝廷献上一份谢恩表。钱镠把这个任务交给了幕僚沈崧。谢恩表拟定后，钱镠让罗隐过目。罗隐看到谢恩表大赞浙西的繁荣与富强，把头摇得像拨浪鼓一样："不妥不妥，浙西战事才息，百姓生活十分贫困，上呈这样的奏章，朝廷说不定会向浙西大肆索取财富。"

钱镠让罗隐改改。罗隐也不客气，把浙西描述成"天寒而麋鹿常游，日暮而牛羊不下"的萧条景象。皇帝接到谢恩表，一看，笑笑说，这一定是罗隐干的。

看来，皇帝对罗隐是知根知底的。

吴越国时期，江浙虽然稳定，经济发展也不错，但因"善事中国"花费不少，江浙税收繁重。钱镠还规定，在西湖打鱼者，每天必须上缴鱼数斤，作为额外税收，称"使宅鱼"。平时还好说，但一旦天寒地冻，鱼变少了，捕捞有困难，仍然要交"使宅鱼"，渔民人人苦不堪言。

这一切，罗隐看在眼里。

一日，钱镠正在品鉴《磻溪垂钓图》，图上画的是姜太公钓鱼。钱镠看着突然来了兴致，让罗隐为这幅画题诗。罗隐想了想，挥笔写下：

吕望当年展庙谟，直钩钓国更谁如？
若教生在西湖上，也是须供使宅鱼。

罗隐借古喻今，用姜子牙（吕望）当年在磻溪直钩钓鱼等候周文王的典故，巧妙地劝诫钱镠。钱镠明白了罗隐的良苦用心，随即下令取消"使宅鱼"。

当然，江山易改，本性难移，不然他就不叫罗隐。官场的春风得意，让罗隐飘了起来，以为有钱镠罩着，天塌下来也不怕。他又开始用他擅长的"咏史诗"来针砭时弊了。先是写点小动物、花花草草之类的，试探一下朝堂内外的反应：

蜂

不论平地与山尖，无限风光尽被占。

采得百花成蜜后，为谁辛苦为谁甜？

牡丹花

似共东风别有因，绛罗高卷不胜春。

若教解语应倾国，任是无情亦动人。

芍药与君为近侍，芙蓉何处避芳尘。

可怜韩令功成后，辜负秾华过此身。

《御定全唐诗·牡丹花》书影

看看大家没什么反应，罗隐越写越大胆，开始为古人翻案了。且看《西施》：

家国兴亡自有时，吴人何苦怨西施。
西施若解倾吴国，越国亡来又是谁？

在诗中，罗隐一针见血地指出，国家灭亡了，要多找自身原因，绝不能把锅甩到一个弱女子头上。千百年来，当时世人都视美人为红颜祸水，多怨美人误国，如果是西施毁了吴国，那么越国的灭亡，又是哪一个美人干的？

简直是灵魂的拷问！如果西施有灵，读了罗隐这首诗，她一定会感激涕零的。

钱塘江潮

罗隐少年离家出走，老大回乡做官，杭州一刻也没有嫌弃他，抛弃他，一直等候他回家的足音。每每想起家乡波澜壮阔的钱塘江潮，他便会热血沸腾，有《钱塘江潮》诗云：

怒声汹汹势悠悠，罗刹江边地欲浮。

漫道往来存大信，也知反覆向平流。

任抛巨浸疑无底，猛过西陵只有头。

至竟朝昏谁主掌，好骑赪鲤问阳侯。

后梁开平三年（909），罗隐染上重病，钱镠亲临看望慰问，并在壁上题句："黄河信有澄清日，后世应难继此才。"毫不吝啬地对罗隐加以褒奖。

这年冬（时已为910年），罗隐去世，后葬于钱塘江畔，日夜聆听潮涨潮落……

参考文献

1.薛亚军:《江东才俊——罗隐传》，浙江人民出版社，2007年。

2.〔元〕辛文房:《唐才子传》，文澜阁《四库全书》本。

3.〔清〕吴任臣:《十国春秋》，文澜阁《四库全书》本。

4.〔宋〕钱俨:《吴越备史》，文澜阁《四库全书》本。

5.〔宋〕计有功:《唐诗纪事》，文澜阁《四库全书》本。

6.〔清〕彭定求等:《全唐诗》，中华书局，1960年。

李清照的"后半生"

李清照（1084—约 1155 或约 1151），号易安居士，齐州章丘（今山东济南市章丘区）人，寓居杭州约二十年。宋代女词人，婉约词派代表。

李清照出身于书香门第，早年生活优裕。金兵入据中原后，流寓南方，境遇孤苦。前期作品多写自然风光和离别相思，后期作品多悲叹身世，情调感伤。著有《易安居士文集》《易安词》，已散佚。后人辑有《漱玉集》《漱玉词》。

初见临安

　　绍兴二年（1132）三月，临安城春暖花开。西子湖畔，已完全褪去了冬日的萧瑟，换上了鲜艳的色彩，苏堤上的垂柳也抽出了嫩绿的新芽，街边的玉兰花正热烈绽放，散发出丝丝缕缕的馨香……

　　这天晌午，路上没有多少行人，一头老马喘着粗气，吃力地拉着马车向临安城走来，车厢里充斥着一股草料腐败的气味。李清照犯了春困，一只胳膊倚靠在半人高的书箱子上，整个身子伏在胳膊上打着盹，看起来憔悴消瘦。梦里，她似乎还吟诵着《渔家傲》："天接云涛连晓雾，星河欲转千帆舞。仿佛梦魂归帝所，闻天语，殷勤问我归何处？　我报路长嗟日暮，学诗谩有惊人句。九万里风鹏正举，风休住，蓬舟吹取三山去。"

"娘子，前面就到临安城了，看您的这些古书金石装了一马车，也是来临安做生意的？"虽然是春天，但因长途跋涉，一路颠簸，车夫早已大汗淋漓，身上的衣物被汗水沁透，贴着胸膛黏腻腻的，可想着马车里还坐着一位女子，他只是把衣襟松了又松，终究没脱掉上衣。

李清照渐渐从酣睡中清醒，草料腐败的气味让她头昏不已，掀开帘子，看见已经到了临安城外。田野里，几个农夫正挥舞着竹枝，吆喝着耕牛在犁田，几只白色的鹭鸟在新翻的水田里，起起落落。马车又走了几十米，一条弯弯绕绕的河流呈现在眼前，两个穿着朴素的妇女在河边洗衣服，嘴里还哼着小调，一群白色的番鸭"嘎嘎"地叫着，列队从不远处游过……

"并非是来做生意的。我原本与官人生活在北方，因为金人大举入侵，不得已南来。官人先我而行，不幸在途中病逝，只剩下我与原本载满十五车的金石收藏。这一路至东海，连舻渡淮再渡江，兜兜转转多日，直到今日只剩下这么多了。"

李清照将头伸向帘子透气，这刺鼻的草料味一直烦扰着她。

"进了城就去清波门附近吧，那里离西子湖近些。"看着窗外人来人往的百姓，李清照整理了一下自己的衣裳。饱经风霜的她早已疲惫不堪，心里想着，既然要留在这里，还是要选一处风光秀美的地方落脚。

"一瞧您就是会选地儿的主。"说罢，车夫长"吁"一声，加快了速度。

到了城门口，两名兵将大概盘了盘车上的物件，李清照也缓慢地走下了马车。一路上尽是颠簸，这时候双脚踩在地上，周围的空气也变得清新，隐隐约约还有些许花香。

"这是什么花？"李清照问车夫。

"这是号称'天下第一香'的玉兰花，临安城随处可见，但花期只有一个月左右，现在正是开得好的时候，您要是再晚些来，说不准就闻不着了。"

李清照又深深呼吸了一番，似乎想将这沁人心脾的花香充满整个身体。"临安果然是个宝地。"她喃喃自语道。

环顾四周，熙熙攘攘的人群夹杂着叫卖声，热闹非凡。临安的经济发展很是迅速，自从唐朝、五代以来，几经开发，当真成了经济繁荣、交通发达的"东南第一州"。

马车缓慢地行进在官道上，两边尽是茶馆酒楼，道边十几个商铺挂着灯笼，铺中可见小二不慌不忙地招呼着生意。在经历了父亲被贬、南下、丧夫、书籍被窃这些人生坎坷后，李清照一度以为自己的一生再也没有光亮了，可是如今行在临安城内的道路上，看着这番闹市喧哗，她还是欣然地露出了期待的笑容。

酉时畅谈

因从绍兴府寄居的锺氏家中离开时，锺氏早有书信请临安亲友帮助李清照落脚，所以李清照刚刚到了清波门，便有一位看上去十分和善的大婶迎了过来："您可是锺家说的那位？"

李清照瞧了瞧眼前的大婶，微微点了点头。

"那便是了，锺家早就和我说了有贵客会来落脚，让我早早将一处房子打扫了出来。只是您才刚到城里，马上天就黑了，不如先到我家住一晚。"

李清照一路颠簸，早已饥肠辘辘。早些时候路过一家驿站，马夫吃饭时自己并没有下去一同吃，这会算起来也有六七个时辰过去了。"那就打搅了。"李清照抚了抚额头的碎发，整了整发髻，此时天色将晚，空气中的玉兰花香似乎更加浓了些。

锺氏给李清照安排的居所就在大婶家隔壁不远处，隐隐约约可以望见西子湖。大婶的两个儿子帮李清照卸下了马车上的行李。

"您里面走吧，犬子会把行李给送过来。"大婶拉着李清照的手往里屋走，还不时感叹李清照竟然如此清瘦。

屋里弥漫着沁人的香气，李清照走到香炉前，看着黄铜香炉里面散发出缕缕烟气，不禁想起已故的官人，暗暗神伤。

"夫人，这是什么香？闻着很是舒坦。"李清照揉了揉自己的眼角，清瘦的身躯立在窗前，似乎一阵风便能吹倒一般。

"不过是山上寻常的香木罢了，您若是喜欢，我便取些给您拿去用吧。"大婶手里握着抹布，锅里似乎温着酒，桌上四五道精致的小菜，白白绿绿，让人看了食欲满满。

李清照碎步走到桌前，等到大婶将温好的酒取来，请大婶坐下。"我贸然来到这里，给您添麻烦了。"李清照伸手抓起抹布，垫在温热的酒坛子下面，双手扶着酒坛给大婶满了一杯。

"哎，您是大才女，能够帮到您是老婆子的荣幸，您这样说就太客气了！若是您不嫌弃，就喊我一声李婶。"李婶扶着酒杯，看着李清照。

早就听闻这位才女出身书香门第，甚是有礼数，只是没想到竟然还这般好看。尽管出生在北方，但李清照面容姣好，眉目清秀，身材匀称，倒像是个在临安土生土长的江南女子，实在惹人喜欢。

"您也给自己倒上一杯，我的两个儿子就在后屋吃，老婆子给你接风洗尘。"李婶很是高兴地饮下一杯，抬头间瞧见李清照缓缓举起酒杯，却迟迟没有饮下。

"怎么了？这酒不合胃口？"李婶愣了愣，李清照却是眼角湿润。

"自从官人去世后，我便没有再饮过酒，这会竟然闻着酒气想起了官人，是我失礼了。"李清照又将酒杯放下，扯出手帕擦拭着眼角。

"您是个苦命人，这几年吃了不少苦。听锺家说您丈夫留下的古书画在绍兴府被盗了不少，可找回来了？"李婶给李清照换了一杯清茶，小心翼翼地问。

"找回来了一些，可是很多都丢失了，还有许多心爱的文物……"李清照抿了一口茶，茶香在唇齿间散开。

"好茶。"李清照忽然舒展眉头，"这可是西湖龙井？"

"得闻您要来，怕您喝不惯酒，就略备了一些茶叶。"

"西湖龙井闻名天下，辩才法师归隐后，曾与东坡居士在龙井狮峰山脚下饮茶品诗。今日有幸品尝这茶，果然是人间佳品。"李清照轻轻叹息了一声，"只怨我此刻无心饮茶品诗，怕是要愧对这上好的茶了。"

李婶听罢，为李清照续添了一些茶水。"我有一句话不知道该不该问。"她偷偷瞄了一眼李清照的脸色，生怕有所冒犯。

"李婶您尽管问便是了，若是我知道的，一定如实相告。"李清照抬眼正好瞧见窗外红光一片，万家灯火。

"其实也不是什么大事，只是我见您身子清瘦单薄，却押着那样一车宝贝，为何不在沿途变卖一些？也可过得好一些啊。"

李婶知道那些才子是有风骨的，有她不能理解的地方，他们视金钱如粪土，却视书籍为至宝。只是李清照毕竟是一个女人家，空有一身才华又不能做官指点江山，为何不先解决温饱呢？

李清照不禁动容，在这样一个"女子无才便是德"的生活氛围中，除了已经去世的官人，或许再也无人能理解自己心中的壮志与豪情。想着想着，李清照的眼眸中噙着泪水，在红烛的照耀下闪闪晶莹。

"您莫要伤心，可能是老婆子我多管闲事了，惹您伤心。其实老婆子也在锺家的来信中听闻您对待那些金石古籍胜过一切，是老婆子唐突，提起这些事。"

李清照低着头轻轻擦拭去泪水，抬起头解释道："李婶不用自责，并非是李婶说错了什么，而是我这么多年，寻寻觅觅，从来不曾找到自己读书写字的意义何在，直到我遇见了我的官人。官人与我一见倾心，不仅支持我写词，还几次将我的词与官人自己的词拿给达官贵客看，每每达官贵客赞扬我的词更胜一筹时，他便无比欣喜。或许，在官人之后，再也无人能真正懂我。"

李婶移坐到李清照的身旁，两只布满老茧的手紧紧握着李清照那双纤白如笋的手，那双手原本没有一丝丝岁月痕迹，可却在赵明诚死后渐显风霜。

夜浓，李清照拜别李婶，只身来到寓所，月光穿过门口的篱笆墙，洒在院子里的花丛上。此时，她想起多年前与官人相别时的那一幕，不禁低吟道："红藕香残玉簟秋。轻解罗裳，独上兰舟。云中谁寄锦书来，雁字回时，月满西楼。　花自飘零水自流。一种相思，两处闲愁。此情无计可消除，才下眉头，却上心头。"（《一剪梅》）

赵明诚便是李清照的愁，她多少次醉卧床榻以求解脱，却在梦中无数次回想起当年的相逢相爱……

煮茶偶遇

清晨竟然降下了雨露，李清照还未清醒就已经嗅到了缕缕泥土芬芳，莫不是昨夜自己拂袖花丛，真的将愁情随风送上了九天，感动老天降下甘霖？

李清照起身整好衣装，走到屋前伸手探了探雨水，雨水温热清新。篱笆墙下的花虽落了些老瓣，却又长出许多新叶，恰似当年故里海棠。她吟道："昨夜雨疏风骤，浓睡不消残酒。试问卷帘人，却道海棠依旧。知否，知否？应是绿肥红瘦。"（《如梦令·春晚》）

李清照整理了一下思绪，郁结的心肠缓缓打开，从行囊中取出茶盏，又顶着雨跑到院中生火，准备煮水点茶。

"雨天跑出屋子，只为了生火吗？家中无人可以帮忙吗？"李清照刚将柴折断丢进灶中，却听见有人在身后唤她。

海棠依旧

“刚刚搬来临安，家中无人，只能自己煮点茶。”

门外的书生撑着伞，看了看李清照，走到李清照的门前：“方才听到您在吟诵诗词，实在是妙。您快些回屋避雨吧，若是不嫌弃，在下可代为生火。”

李清照再次回头，见到那书生穿着一身白布袍，腰间还系着玉佩，应该是世家读书子弟，看着不像是什么狂悖之徒。

“有劳了，雨天路滑，可以到小舍避避雨，喝一盏茶再走。”

李清照走到门口打开篱笆门，书生将伞递给李清照，随后又从后腰拿出两本书籍交给李清照代为保管。

落雨渐稀，屋檐上滴滴答答地洒落着水珠，李清照一只玉手轻轻握着茶筅在茶盏中搅动，另一只手缓缓将热水倒入茶盏。

“娘子一手好茶艺，屋中又有如此多的金石典藏，可否唐突问下娘子身世？”书生双手接过李清照递过去的茶，问道。

“算是生于书香门第，只是家道中落，如今孤苦一人，没有亲朋，独自在这里了却余生罢了。”

李清照没有过多地说什么，毕竟面对的只是一个过路的书生，虽然为自己生火很是感激，但是读书人多有女子本应无才的思想，何必惹来麻烦。

“娘子谈吐不俗，绝非等闲人。”

书生本是一句玩笑话，却说得李清照心中十分喜悦："谁怜流落江湖上，玉骨冰肌未肯枯。这也算是不幸中的万幸。公子身着白布袍，也是气宇非凡，是哪家的公子？"

李清照喝了一口茶，盯着窗外，落下的细雨连成了线，密密麻麻地交织在一起。

"在下出身寻常人家，从小喜好搜集古籍，身旁却无一人喜好相同。每每都是一个人对着古籍字画出神，先生见了说我人痴，其他人便叫我痴书生。"

李清照原本盯着窗外的细雨出神，听过书生的话，心中感伤。

"若是喜欢金石古籍，就坚持自己的喜欢，无须管他人说了什么道了什么。你是男儿郎，不比我空有一身抱负，却只能独坐家中。这一身的本事，引来多少非议，这一首首词，我不也继续写了下来吗？"

书生有些疑惑，他不明白眼前的这位女子到底是什么身份，刚想开口问，李清照先站起了身。

"雨已经小了，感谢公子今日帮我煮水，这两本是公子的书籍，公子早些回去吧。"

李清照就在刚刚已经知道自己应该做什么了，就算是那许多士大夫经常公开批评自己一介女流却舞文弄墨，可这四十余年的路也都这般走过来了，何须畏惧他们说了些什么。

"多谢娘子的茶，也请娘子保重自身，哪怕再多的人对娘子的才华评头论足，娘子也要坚持自己。"

李清照站在门口送别了书生，书生收好书籍，系好白布袍，走出几步后，撑开伞离去。

李清照缓缓地关上篱笆门。

西湖献情

秋凉，院中的植被都已经生了老叶落了花，那灿黄的菊花萎谢一地。李清照不知道自己的归属是不是这里，只每日整理校勘官人的《金石录》，每每入神便会神伤，回想起与官人曾经一同行到乌江边，感叹着西楚霸王项羽自刎以谢江东百姓。那时，李清照站在赵明诚的身旁，抚今追昔，高声吟道："生当作人杰，死亦为鬼雄。至今思项羽，不肯过江东。"只是如今，这万般感受便只剩下笔墨能够与之共勉。

李清照来到临安的消息不胫而走。对于这位美女加才女的到来，不少名门贵族纷纷登门求亲，希望李清照能够改嫁。

但此时的李清照在经历了丈夫去世，改嫁后被折磨的遭遇后，已然对感情心灰意冷，丝毫无再嫁的念头。无奈前来拜访和说媒的人太多，李清照又不好意思当面拒绝，经常陷入矛盾之中。

秋风起，李清照将散落在桌子上的书卷收好，伫立在窗前望向西子湖。

西子湖上依旧是船只辐辏，阳光照着湖面，波光粼粼，甚是好看。李清照被那波光吸引了过去，不禁走出

惊起一滩鸥鹭

了家门。

西湖断桥上，游人如织，李清照缓步其中，神情逐渐开朗，陶醉于这秀美的湖光山色之中，不禁叹道："怪不得都说第一次来到西湖的人，都有一种似曾相识之感，她简直太美了。"

叹罢，她想起少女时曾作的一首《如梦令》："常记溪亭日暮，沉醉不知归路。兴尽晚回舟，误入藕花深处。争渡，争渡，惊起一滩鸥鹭。"如今，她已经记不得有多久没有这般心境了。

"娘子可是在欣赏这西湖美景？"忽然，一个男声传入耳内。李清照忙回头，眼前是一位高大的男子。

男子继续说道："这西湖遗迹太多，故事太多，多得就像这满地的落桂花，只要随便拾一朵，就是西湖的掌故。也难怪东坡居士能吟出'欲把西湖比西子，淡妆浓抹总相宜'这样的诗句，的确把西湖的晴雨之妙写绝了，堪称杰作。我看后人想要再吟咏西湖，恐怕难以望其项背了。"

"看来这位公子对西湖甚是熟悉。"

"在下生长于此，自然熟悉。当然，同样熟悉的，还有您的故事，才女李清照。"男子深情地看着李清照的双眸。

李清照惊讶地望着男子，没想到在这绝美之地能遇到这般多情之人。

眼前的男子相貌英俊，气质非凡，颇有赵明诚当年的风范。

"这位公子可曾来过家中？"

"在下方才路过，正巧见您伫立于此欣赏湖景，便斗胆前来献丑。"

看着李清照无所动容，男子继续说道："家父多日前曾前来提亲，但未得到回应。在下并非强求之人，但想知道您拒人于千里之外，是对夫婿选择有何要求？"

果然是被拒之人。李清照不再言语，转身对着湖光山色沉思了起来。

国家一天一天衰败，自己又流落他乡，哪有心思想那儿女情长？李清照心里焦躁不安，那一份焦躁演化成悲愤和失望，可是自己一介女流，又有什么人在乎自己的想法呢？换来的，只能是士大夫一声声的批评和斥责。

李清照辛酸地苦笑道："是啊，他们有的是时间来批判我，却没有时间去治理国家。"那男子只得快快离开。

正是因为那些士大夫无端的指责，临安的文人官员都开始对这位流落西子湖畔的才女故意疏远，李清照只能在一方小屋中，用笔墨挥洒着自己心中的愤慨。

李清照痛苦地坐在桌前，伸出手去摸地上喝剩下的半坛酒。如果一切能够如愿，她多么希望赵明诚能够回到自己的身边，那种不顾世俗眼光的支持，那种能够与自己品画作词的默契，她永远不会忘却。李清照将一口冷酒灌下了肚子，冰冰的酒水像是刀子一样划过她的胸膛，酒落入肚中，不生暖意，却更凄凉。她转身挥笔写下：

> 寻寻觅觅，冷冷清清，凄凄惨惨戚戚。乍暖还寒时候，最难将息。三杯两盏淡酒，怎敌他、晚来风急。雁过也，正伤心，却是旧时相识。　满地黄花堆积，憔悴损，如今有谁堪摘？守着窗儿，独自怎生得黑。梧桐更兼细雨，到黄昏、点点滴滴。这次第，怎一个愁字了得！

《声声慢》是李清照的代表作，词人一天的愁苦心情跃然纸上。

她像是丢了什么，一直在苦苦寻觅，而身边一切景物都显得冷冷清清，这使她的心情更加愁苦、悲戚。忽冷忽热的天气，是最难保养身体的，她虽然喝了几杯酒，也无法抵挡晚来秋风的寒气。正伤心着，一群大雁向南飞去，看到雁飞过，她更加伤心了，那雁群，那雁影，那雁鸣，都是她的旧相识。

菊花已经枯黄，满地落花堆积，如今还有谁忍心去

秋雨黄叶冷清清

摘？倚窗独坐，梧桐叶片落下的水滴，声声入耳，令她心碎。此情此景，又怎是一个"愁"字能够形容？

这种生活状态，对当时的李清照来说，也许就是常态。一天到晚，她百无聊赖，若有所失，一直在"寻寻觅觅"，希望找到点什么来缓解自己的空虚和寂寞。但"寻寻觅觅"的结果是"冷冷清清"，是"凄凄惨惨戚戚"。仅此三句，词人便营造了一种愁苦、悲戚的氛围，不禁让人屏息凝神……

悲凉暮年

绍兴三年（1133），伪齐在金朝的支持下攻占襄阳府（今湖北襄阳），严重威胁到南宋长江中下游地区的安全。而占据洞庭湖的起义军也日益强大，南宋朝廷开始计划派遣官员前去镇压。在得知伪齐试图拉拢起义军统帅杨么后，赵构开始慌张，加之其对金军一向惧怕，提出想要派遣使者出使金国探视徽、钦二帝，并且试图探求与金求和的办法。

要出使金国无疑是置身虎狼之穴，南宋满朝无人敢请命，而同签书枢密院事韩肖胄和工部尚书胡松年却在危难关头主动请命，愿意为国家出使金国。

当这个消息传到了李清照的耳中时，她正是喝到半梦半醒的时分。得知自己日夜牵挂的国事终于有了转机，朝中终于有了义士肯为国奉献时，她单手扶着桌子，摇晃着半醉的身子，大喊一声："好！"

李清照又一次看到了希望，满腹愁绪顿时化作满腔豪情，当即布设笔墨砚台，没有过多的思考，激动地蘸墨作古、律诗各一章，向韩、胡二公表达敬意：

愿奉天地灵，愿奉宗庙威。
径持紫泥诏，直入黄龙城。
单于定稽颡，侍子当来迎。
仁君方恃信，狂生休请缨。

李清照不过是一个贫病交加、身心俱疲、独守寡居的妇人，可是她时刻心心念念着家国大事，即使自己在朝中并无地位，即使自己因为之前的事端饱受争议，可是她仍旧勇敢地站出来赞扬韩、胡二公的大义凛然。诗中"欲将血泪寄山河，去洒东山一抔土"一句，表达了李清照作为大宋百姓渴望反击侵略、收复失地的强烈愿望。

就在这对朝廷的失望与希望交织中，李清照几乎将全部心力都用在整理官人的遗作上，并约于绍兴四年（1134）完成《金石录后序》的写作。

同年（1134），宋军在韩世忠的带领下于今扬州西北的大仪镇攻打金兵。都城形势危急，李清照不得不暂时前往金华避乱。在避乱期间，她看透了南宋统治阶级的昏庸腐败和不识良才，写了《打马图经》，引用大量有关战马的典故和历史上抗恶杀敌的威武雄壮之举，热情地赞扬了像桓温、谢安等忠臣良将的智勇，暗讽南宋统治者不思抗金的庸碌无能，寄寓对收复失地的愿望。

而金军大举南下、南宋面临国破家亡的景象，重新唤醒了李清照悲凉的回忆，于金华写下了《武陵春》。"风住尘香花已尽，日晚倦梳头。物是人非事事休，欲语泪先流。"李清照在这首词的上阕中追忆自己的过往，感叹所经历的苦闷与磨难。山河破碎，自己流离失所，这又是何等的悲凉！

到了绍兴十三年（1143），李清照终于完成了《金石录》的校勘整理工作，她将这本挚爱的遗作进献给了朝廷。大约绍兴二十五年（1155），这位充满才情和爱国情怀的一代女词人悄然离世。

李清照的后半生寄身于杭州，这是李清照人生的第二阶段，是她从无限的悲苦和孤独中涅槃重生的阶段。在这段时间里，她的艺术创作达到了炉火纯青的境界，以自己独特的"易安体"风格为后世留下了许多诗篇，其中不乏爱国主义诗词，激励着一代又一代的杭州人。

参考文献

1.〔宋〕王灼：《碧鸡漫志》，《学海类编》本。

2.〔宋〕李心传：《建炎以来系年要录》，文澜阁《四库全书》本。

3.〔宋〕岳珂：《金佗续编》，文澜阁《四库全书》本。

4.〔宋〕李清照：《漱玉词》，四印斋重刻本。

5.〔明〕蒋一葵：《尧山堂外纪》，文澜阁《四库全书》本。

6.朱绍侯等主编：《中国古代史》，福建人民出版社，2010年。

7.王英志编选：《李清照集》，凤凰出版社，2007年。

8.谢学钦：《李清照正传》，中国文史出版社，2009年。

最婉约的"词中老杜"

周邦彦（1057—1121），字美成，号清真居士，钱塘（今浙江杭州）人。北宋词人。

周邦彦精通音律，创作了不少新词调。作品多写闺情、羁旅，也有咏物之作，格律谨严，语言曲丽精雅，长调尤善铺叙，为后来格律词派词人所宗。他的作品在婉约词人中长期被尊为"正宗"，旧时词论称他为"词家之冠"或"词中老杜"，在宋代影响甚大。著有《清真居士集》，已散佚，今存《片玉集》。

江湖传说

京城的街道上，一胖一瘦两名男子跑得飞快。

瘦子一边跑一边说道："故乡遥，何日去？家住吴门，久作长安旅。京城的青楼楚馆开了数家，那一众的花魁靠什么做招牌？就靠顾曲堂周美成的词。"

胖子明显有些跟不上，这长袍实在是不适合奔跑，这长街上坑坑洼洼，稍不留神便要扭了脚或摔了跤。

"慢一点，慢一点，今天下的一场雨，打得青石板上湿漉漉的，稍有不慎，可容易摔。"胖子气喘吁吁，"三国周瑜精通音律，当时流传着'曲有误，周郎顾'的说法，可是周美成为什么就得了'顾曲'这么个堂名？"

"周美成歌词声音谐美，顺口悦耳，是一般的作品无法比拟的。以'顾曲'名堂，足见其音乐造诣。"瘦子答。

"哦，哦。"胖子似乎茅塞顿开。但他还是有些不快，原本说好了今日在园中饮酒作乐的，怎么就突然被瘦子拉着去青楼了，要是被父亲知道了怕是免不了一顿板子。

两人对话中提到的这位周美成就是周邦彦，他出生于"地有湖山美，东南第一州"的杭州。周家家境殷实，藏书万卷。周邦彦的父亲周原学识渊博，每天清晨都会朝着满屋的书柜三跪九叩，然后诵读圣贤之书。周邦彦深受父亲影响，从小便"博涉百家之书"，写起文章来笔底生花，妙语连珠。元丰六年（1083），周邦彦凭一篇《汴都赋》，让宋神宗赵顼大为欣赏，名震一时。

瘦子回头看了看，脸上堆满了笑意，催促胖子快点跟上他。

"你与我同为世家子弟，不该不知道风流倜傥的周美成在钱塘的时候就已经名声大噪，而到了京城为官以后，被皇上评价为虽饱览群书但是品行不端、疏隽少检。我倒觉得周美成虽然生活上不太本分，不过有失必有得，你大可问问这些歌妓，哪一个不知道他周美成的？不过话又说回来，你我都是道听途说罢了，毕竟周美成才华盖世，只怕是有人心有不甘，刻意诋毁。"

前面便是一个青楼，一座两层的楼子，栏杆上挂满了花花绿绿的装饰。

"胖子你走得快些，再快些，前些时日，我打听到这家的花魁精于唱周美成的词，听说堪称京城一绝，有这么好的机会，我带你去长长见识，开开眼界。"

瘦子飞快地上了楼，胖子早就跑得大汗淋漓，站在花楼下面，皱着眉头："身为读书人，你怎么写不出好诗句给这里的姑娘们弹唱呢？"尽管嘀咕着，胖子还是长吸了一口气快步跟了上去。

两人坐在凭栏的一处方桌，喊人上了瓜果两盘，循声望去，楼下的花魁抱着琵琶，正弹奏着曲子。

"这周美成已经被贬出京城了，你怎么还是这么痴迷于他？而且我听家父说，周美成现在是朝堂之上提都不能提的人，如果随意提起的话，很容易会得罪了其他人。"

胖子喘着粗气，拿起桌子上的折扇使劲地挥动着，身上的汗滴化成一股股热气升腾了起来。

"并非是我痴迷，只是周美成的作风和才学我很钦佩，能够在这样的时代活成那般潇洒的样子，是多少读书人的梦想！你我虽然是世家子弟，但很多地方都受到限制，不仅要考虑到自己的将来，还要顾及父母及全家的安危，又何曾潇洒过？"

瘦子陶醉在美妙的乐声中，似乎很享受这首曲子带来的愉悦。

"其他的我是不知道，我只知晓周美成所作的《汴都赋》名动京城，剩下的便都是些坊间的传言，倒也不是什么好听的故事。"

瘦子瞟了眼胖子，没有再理会他。

"燕子楼空，暗尘锁、一床弦索……水驿春回，望寄我、江南梅萼。"（《解连环》）楼下的花魁玉手拨弄琵琶，弹出泉水叮咚的曲子。

"这周美成的词还当真是风靡了这烟花楼台。"胖子不禁感叹道，随后抓起桌上的一把瓜子嗑了起来。

"怎么？你也读过周美成的这一篇《解连环》？"

瘦子这下对胖子另眼相看了，没想到胖子竟然读过周邦彦的这首词。

"那是早前的事了，是家父某次与友人闲谈时提起的，家父也和你一样，对周美成佩服得五体投地，但他却从来不让我在外面诵读他的诗词，说是会引来非议。"

"是啊，这首《解连环》是我很喜欢的一首词。周美成在词中既写出了探访旧人和旧居时的哀伤情绪，又不像一般的词人一样将这种感情寄托在什么东西或者什么人身上，反而是一句'怨怀无托'，这种拿得起放得下的洒脱和直率，多少人能有？"

胖子若有所思地笑了笑，眼前的这位兄台与自己一同长大，又同为官宦子弟，读书万卷，才华横溢，小时候还有一个志向，要成为名动京师的才子，难怪会崇拜才华超众的周邦彦。

花魁的琵琶声如细雨绵绵，瘦子闭着眼听得出神，不久便沉沉地坠入了梦乡，梦见了自己的偶像周邦彦。

朝堂论赋

　　臣邦彦顿首再拜曰：自古受命之君，多都于镐京，或在洛邑。惟梁都于宣武，号为东都，所谓汴州也。后周因之，乃名为京。周之叔世，统微政缺，天命荡杌，归我有宋。民之戴宋，厥惟固哉！奉迎銮舆，至汴而止，是为东京。六圣传继，保世滋大，无内无外，涵养如一。含牙带角，莫不得所。而此汴都，高显宏丽，百美所具，亿万千世，承学之臣，弗能究宣，无以为称。伊彼三国，割据方隅，区区之霸，言余事乏，而三都之赋，磊落可骇，人到于今称之。矧皇居天府，而有遗美，可不愧哉！（《汴都赋》）

　　元丰六年（1083）七月某日，宋神宗赵顼坐在龙椅上，呷了一口内侍端上来的明前龙井茶，看着手中在朝廷举办的"'讴歌新法'征文活动"中脱颖而出，从几百首诗文中挑选出来的《汴都赋》，心中满是欢喜，但看着那些古文奇字，一时郁闷起来。

　　"来人，速速去将周邦彦宣召进宫，对，再去宣李清臣一同进宫。"

　　赵顼对《汴都赋》爱不释手，只是这一篇赋中古文奇字较多，便召当朝大才子李清臣一同鉴赏。

　　赵顼眼中的这位大才子李清臣，七岁知读书，日诵数千言。欧阳修称赞他的文章，认为可与苏轼相比。赵顼将他召为两朝国史编修官、起居注，进知制诰。

　　宣旨的内侍顶着烈日，一路快马加鞭，从皇宫冲进了周邦彦的家中。可周邦彦并不在家，经询问，才得知周邦彦昨夜就宿在外面，一直未归。

听闻是要进宫去面见皇上，家仆立刻带着传旨内侍出去寻找，终于在附近一处青楼找到了周邦彦，他正和友人一道，一边饮酒一边与歌妓吟诗作对。

"我的大才子啊，找你找得好苦哟！快快回去收拾收拾，与我进宫去面见皇上！我再去请李清臣编修，你一定要快些收拾进宫。"

宣旨的内侍早就听闻过周邦彦不拘小节，精通音律，创作了不少新词，如今算是亲眼所见了。

正午的大殿内，没有一丝丝的凉意，周邦彦站在殿内，身旁是李清臣。

"太学生周邦彦，这篇《汴都赋》可是你亲笔所写？"

赵顼满是赞许的眼神，又似怀疑地看向眼前这位长得风流倜傥的周邦彦。

周邦彦走到大殿正中间，俯身跪下："回禀皇上，这篇《汴都赋》是仿照汉代《二京赋》所作，特意献给皇上，以此歌颂皇上行变法之事，使得我大宋繁荣昌盛，百姓安居乐业。"

毕生都在变法革新，力求富国强兵的赵顼看着眼前这个年轻人，仿佛看到了变法的希望，感到十分欣慰。

"好！不愧是才子，这篇《汴都赋》甚得朕心。来人，将这篇《汴都赋》送到李清臣手中请他诵读。"

赵顼示意一旁的内侍，将这篇大赋交到了李清臣手中。

李清臣心里一阵犯疑，不就一篇大赋而已，不论写得如何出彩，诵读对于自己是信手拈来的事，自然是不成问题，只要用情真切，将赋中所想表达的情感诠释出来，便一定会得到皇上嘉奖。

可是当李清臣拿到这篇大赋的时候，顿时呆住了。这篇大赋上面尽是些生僻文字，有些字并不常用，有的就连李清臣都是没见过的。

"这篇大赋，果然非同一般，实在是后生可畏啊！"

李清臣转过身赞许地看向周邦彦，周邦彦谦虚地点了点头。

这大赋之中奇文古字实在是多了点，然而皇帝要李清臣诵读，他当然不敢抗旨，只好赶鸭子上架，听从旨意。李清臣清了清嗓子，硬着头皮诵读起来，遇到不认得的文字，便只读"半边字"，遇见独体字的便乱读一气，费了九牛二虎之力，总算连结巴带口吃地勉强将这篇大赋读完，至于是对是错，也顾不了那么多了。李清臣从未被这诵读活难倒过，他从内心佩服起了周邦彦。

"李清臣，你这才子竟然都不能将这篇《汴都赋》正确地诵读，现在可感觉到后生可畏了吧？"

赵顼也知道李清臣诵读是有难度的，李清臣怎么糊弄，他似乎并不在乎，但还是不忘调侃一番。

"皇上恕罪，老臣年过半百，早已经开始糊涂，这年轻人所作大赋确实是旷世之作，应该由词赋作者本人来诵读最佳。"尽管皇上没有责怪自己，李清臣还是想让皇上高兴些，便提出请周邦彦自己来诵读。

周邦彦在一旁站着，刚才李清臣念错了几个字后，他心里便有些失落和后悔，心想着李清臣也算是大宋的著名才子了，这会儿自己写的词赋让他丢了这么大的面子，实在是不应该，早知道还不如自己抢先念了。

"皇上，李编修，学生这篇赋确实是用了许多古文奇字，学生之前数年都在钻研这些，所以略知一二，是学生卖弄，让李编修为难了。"

周邦彦赶紧上前赔礼道歉，他一是不想得罪人，二是解释也有难度，不想为此事结怨，否则也许会因此得个华而不实的名头。

"所言极是啊！老夫确实是多年没有钻研文字，只满足于现有的知识水平。你小小年纪能有这般造诣，以后定会大有作为。"

李清臣并不介意周邦彦的辞赋让自己在皇上面前出了丑，反而十分欣赏周邦彦的才华。

"那李爱卿可否与朕再评一评这篇《汴都赋》？"赵顼想对文字所表达的思想作进一步了解。

"回皇上，这篇《汴都赋》中，用了两个假设的人物来描写大宋的生活面貌以及变法的过程，通过两个百姓的交谈，不动声色地赞扬变法带来的好处，条理清晰有创新，是大气之作。"

"爱卿说得不错，朕也十分喜欢这篇大赋的内容。周邦彦，你是大宋难得的人才，可惜到了今日朕才发现你的才华。你原本为太学诸生，朕便升你为太学正，教导诸生，替朕培养人才。这篇《汴都赋》，朕要颁行于天下。"

周邦彦听到皇上如此夸赞自己，赶紧叩头谢恩。

钱塘选秀

周邦彦换上了太学正的衣服，在太学中教书育人。昨天还是个顽皮的学生，今天就拿起教鞭，夹着教本，开始训导别人了。学业上没有压力，周邦彦自然春风得意，诗词创作上也迎来了一个高峰期。

赵顼每每读到《汴都赋》，都会寻思着周邦彦这样一个博古通今、出类拔萃的人才只做一个小小的太学正实在是有点大材小用了。于是，第二次将他召入宫中。

"周邦彦，在太学教书可还顺利？"

周邦彦立在大殿之上，猜测着此次皇帝叫他来的目的。

"回禀皇上，微臣在太学中教书，虽然顺利，但感觉到太学诸生大多醉心于书本，并且有趋炎附势的倾向，并没有多少活学活用的思考。"

真话与直言当然是不受欢迎的。

"趋炎附势从何说起？难不成那太学诸生还有巴结当朝重臣的？"

"太学诸生除了学识过人的少数几人外，皆为世家子弟，他们便会了解朝堂之上皇上更加看重哪位大臣，重用哪位大臣，所以学会了趋炎附势，上前讨好成为其门生，大多数太学生都寄于官员家中。"周邦彦知道自己钱塘老家就有一些世家子弟拜在当朝为官的老乡门下，还有些老家的世家子弟曾捎话给他，请他为自己找些关系攀上朝廷上的红人。

周邦彦说完这话，忽然有些后悔和担心，他不知道这样直接会不会让皇上不高兴，但这些问题既然存在就该提出来，哪怕会得罪一些人！

想到这一点，他便坦然了。

"世家子弟向来都是如此，但世家子弟往往没有学识特别出众的，依你之见，应该如何？"

周邦彦把腰往下弯了弯，头埋得更低了。

"依微臣之见，应该从各地寻找才识过人的贤才，纳入太学中，让更多贤才来纠正太学的歪风邪气。"

赵顼看了周邦彦一眼，思索了许久，赞许地点点头。

"那就这样吧，周邦彦，朕命你以太学正身份宦游四方，从各地秀才之中挑选可造之才送入太学中培养深造。"

周邦彦用手拭了拭额头的汗，皇上对自己的直言竟然没有生气，于是叩首谢恩。回到家中，周邦彦换上了便服，坐着马车离开了京城，第一站便回到了"江南忆，最忆是杭州"的钱塘老家。

周邦彦回到钱塘选秀的消息不胫而走，城内大大小小的读书人摩拳擦掌，希望能在周邦彦面前一展才华，进而获得深造的机会。周邦彦在钱塘安排过几次考试，参加的人络绎不绝，轰动一时。

"那他可有相中人才？"胖子好奇地问睡醒的瘦子。

瘦子摇了摇头。

"有没有相中我倒不知，只知道他对考试要求极高。周美成注重以写赋的笔法来写词。据参加过选秀的人回来讲，周美成在韵律跟诗词写作的关系上要求很苛刻。他认为，声律的格式如果跟口语吟诵的声音相近，就能自然而然地脱口而出。要是想半天斟酌用字，这个不妥当，那个也不妥当，不但讲平上去入四声，而且四声都要分阴阳，阴平阳平，阴上阳上，阴去阳去，阴入阳入，每个字都要分这么细致的时候，就不能脱口而出了。"

胖子惊讶地张大了嘴巴："居然还有这么讲究的学问！"

"那是，否则他又如何能成为众人效仿的大才子？"

酒意渐浓，瘦子微微眯着双眼，感受着京城的阵阵凉风。良久，他晃了晃脑袋，努力睁大眼睛，拍了下脑袋。

"叶上初阳干宿雨，水面清圆，一一风荷举。"

胖子惊讶地问："你说什么呢？"

"这是周美成在升迁为太学正之后，带着满腔热忱写下的思乡词句。"

话说吴越国王钱俶纳土归宋时，大宋朝廷把钱塘的望族士大夫迁到了汴梁（今河南开封），周邦彦的太公、爷爷和全家人跟着钱俶到了汴梁，由于非常想念钱塘老家，长辈们要求周邦彦的叔叔周邠，将来一定要把他们的坟墓迁到钱塘老家去。后来，周邦彦叔侄回到叶埠桥老家寻找祖坟和老屋，并把周家在叶埠桥的老房子进行了整修，把在汴梁过世的周家老人的坟迁到了叶埠桥，与祖上安葬在了一起，也算是叶落归根了。

誉满天下

"燎沉香，消溽暑。鸟雀呼晴，侵晓窥檐语。叶上初阳干宿雨，水面清圆，一一风荷举。　故乡遥，何日去？家住吴门，久作长安旅。五月渔郎相忆否？小楫轻舟，梦入芙蓉浦。"（《苏幕遮》）

"这首词中，'家住吴门，久作长安旅'这句最为伤感。周美成写下这首词的时候，正是受到重用的时候，又因为一篇《汴都赋》名扬天下，所以他带着又悲又喜的心情作词，当时还请了青楼有名的歌妓唱出来。"

说着，瘦子慢慢起了身，走到了青楼管事的人那里，掏出一块银锭子："你们这里的姑娘，有没有人会唱周美成的词？我要点上几曲。"

水面清圆，一一风荷举

管事看了看瘦子掏出的银锭子，眉开眼笑，小步跑过去请姑娘出来弹唱。

周邦彦极度重视词与音乐的配合，善于倚声填词，用歌词自身的节奏变化体现旋律，达到词和音乐的完美结合，促进了词体声律的进一步规范化、精密化。

"暗尘四敛。楼观迥出，高映孤馆。清漏将短。厌闻夜久、签声动书幔。桂华又满。闲步露草，偏爱幽远。花气清婉。望中迢递，城阴度河岸。"（《绕佛阁·旅况》上阕）

词中"敛"字上去通读，"迥""动""迢"三字阳上作去，"出"清入作上，这样每个字都合四声，读来抑扬变化，和谐婉转，绝无吐音不顺而显得拗口的地方（夏承焘《唐宋词字声之变》）。这种词本身即富有音乐美，同乐曲能够完美配合。所以，当时上至贵族、文士，下至乐工、歌女都爱唱周邦彦的词。

周邦彦可以说是赋笔写词的开创者，很多歌妓以每天弹唱周词而自增身价。同时，青楼里人来人往，以文人雅士居多，姑娘们的传唱也为周词的扩大影响加分不少。

"贤弟，你说周美成从那之后就顺风顺水，我虽然懂得不多，但我怎么记得他后来还是离开了京城，去了溧水（今江苏南京市溧水区）当知县。"

胖子这一问，让那正听着姑娘唱周词的瘦子不由得落下两行泪。

"神宗皇帝仙去，王安石变法成了昙花一现，当时的旧党和苏门子弟纷纷回到了朝堂之中。由于王安石相公失势，《汴都赋》也成了那些旧党的眼中钉、肉中刺，他们开始大力报复当年王安石一派之人，其中就包含了周美成。他无辜受罪，被贬出京城，一直到了哲宗皇帝即位，重新将周美成召回朝中，才过上了顺风顺水的日子。"

歌妓的声音温婉凄凉，歌词孤寂而惆怅："章台路。还见褪粉梅梢，试花桃树。愔愔坊陌人家，定巢燕子，归来旧处……"（《瑞龙吟》）

这首词便是周邦彦刚刚回到京城的时候所作。当时周邦彦站在友人的庭院之中，回忆着与友人之间的点点滴滴，周围的风景变了，友人变了，一切都变了，变得物是人非，他感伤着这些变化，却又无可奈何，随即写下这首佳作。

清风微微地吹进了青楼，不仅飘来了酒香，更将歌妓弹唱的曲调传得悠长而绵远。

瘦子拿着酒壶站起身，倚靠在柱子上，听着那有张有弛、曲折回环的词曲，陷入了沉思。自己与周邦彦都出生在钱塘，"东南形胜，三吴都会，钱塘自古繁华"，虽然自己从小随父母迁至京城，但对"三秋桂子，十里荷花"的钱塘老家一直有着无限的想念。

周邦彦从小聪慧过人，写得一手好文章，父母溺爱，由此也让他变得非常任性，"不为州里推重"使周邦彦没有获得乡试资格。

也许是钱塘这片土地造就了一代才子，又或许是钱塘的浪漫情怀造就了一代艺术家，年轻的周邦彦不屑规矩，我行我素，崇尚自由，虽然在功名上无大作为，但在词赋方面展露出不俗的才华。

元丰二年（1079），周邦彦来到汴京，终于顺利地考取了太学，之后创作了《凤来朝》《望江南》《花心动》等广为流传的作品。

瘦子自言自语："同是钱塘人，为何差距这么大呢？"

钱塘味道

胖子忽然想到了什么，扭头问道："都说周美成身边有过不少女子，他可曾真心爱过一个人？"

瘦子笑了笑："那是当然，周美成是多情之人，有不少佳人成为他生命中的过客，否则，他的诗词里也不会有这般的柔情与惆怅吧。"

"我听说最出名的是他和李师师的故事。"胖子说。

瘦子看了胖子一眼，半晌，他摇了摇头："周美成的爱情或许已经不是男女之情这么简单了吧。他身边所谓的红颜知己，着实让读书人羡慕不已……"

周邦彦一生遇见的女子，大多有着绝顶的美貌、柔情和才华，这似乎与他生于江南有着某些关系——杭州的女子大多是温润的。

这天，周邦彦携手歌妓岳楚云，漫步玉龙山顶（今杭州玉皇山），走在青石小径，赏花木扶疏，听鸟声啁啾，眺西湖美景，但见远处三面云山，中涵碧水，断桥静卧，柳浪翻舞，荷叶田田……

玉皇飞云

　　岳楚云是江南女子，小家碧玉，深得周邦彦的喜爱。这是岳楚云第一次来钱塘，面对眼前的秀美景色，她不禁陶醉于此，感叹道："钱塘可真是个人杰地灵的胜地。"

　　"你看那湖里的藕花，盛开得如此娇艳，最是让人看不够、赏不尽。"周邦彦虽然对着岳楚云说话，但眼神从未离开过眼前的景色。

　　"您生长于钱塘，难道这美景还没有恋够吗？"岳楚云嗔笑道，"不知道的还以为您是第一次来呢。"

　　"此话差矣。钱塘是一个让人看了一眼就会爱上，爱了许久更加欲罢不能的地方。正因为我出生于此，才知道她的魅力所在，也就愈发迷恋于此。"周邦彦看着岳楚云说道，"钱塘处处都有宝。就拿这湖里的藕花来说，可以做成藕粉，那是上好的食材，是当朝进贡的佳品。"

　　"藕粉？"岳楚云重复了一遍。

"对，藕粉。"说到最爱的甜品，周邦彦忽然眼里冒出了光。"儿时母亲经常做这一道甜食。取粗藕，不限多少，洗净切断，浸三日夜，每日换水，看灼然洁净后，漉出捣如泥浆，以布绞净汁，再将藕渣捣细，再绞汁尽，滤出恶物。以清水少和搅之，然后澄去清水，下即好粉。"

岳楚云看着沉浸在回忆中的周邦彦，眼神里满是柔情。她心里默念着，难怪也只有周邦彦才能吟出"叶上初阳干宿雨，水面清圆"这般的词句了。

次日早晨，周邦彦来到堂院中，发现桌子上摆放着一碗藕粉。藕粉粉绯诱人，几十枚雪白小巧的糯米小圆子，在藕粉中沉浮，隐约有几粒赤豆荡漾其中，配着一把鹅黄的桂花儿，轻啜一口，清甜的香气瞬间弥漫齿间。

周邦彦不禁喜上眉梢。纷扰于世间，有多久没有好好坐下来品尝这一份钱塘独有的香甜了。只是这藕粉……

忽然，他似乎想到了什么，嘴角露出了一丝微笑。

天色已经暗了下来，风也开始凉了起来，瘦子拍了拍趴睡在桌上的胖子。

"已经到了晚上了，我们该离开了。"

胖子睁开眼，看了看周围，彩色的灯笼将青楼照得五颜六色，十分好看，花魁还在唱着周邦彦的词句："隋堤上、曾见几番，拂水飘绵送行色。登临望故国……"（《兰陵王》）

瘦子带着胖子走出了青楼，在门口用手磕了磕鞋子。

"你这是在做什么？"

"这是周美成的一个习惯，经常会磕一磕鞋子。"

胖子不解："这有什么说法吗？"

瘦子笑笑："这是我们钱塘老家的一个习俗，就是要提醒自己，不要沉迷在世间所有浮躁的事物之中，不能做不该做的事情。做人要拿得起放得下，前一晚可宿醉，醒来后，就要去做正经的事了。"

夜幕降临，月朗星稀。家里的小童提着灯笼找到了瘦子，三人一路朝着太学走去。

参考文献

1. 章培恒、骆玉明主编：《中国文学史》，复旦大学出版社，2005 年。

2. 叶嘉莹：《唐宋词十七讲》，北京大学出版社，2017 年。

3. 王强编著：《周邦彦词新释辑评》，中国书店，2006 年。

4. 王易：《词曲史》，江苏文艺出版社，2008 年。

最恋是西湖

田汝成（1503—1557 或 1501—？），字叔禾，别号豫阳，钱塘（今浙江杭州）人。明代文学家。

田汝成博学工文，著有《炎徼纪闻》《龙凭纪略》《辽纪》《田叔禾小集》等。撰成记西湖湖山胜迹的《西湖游览志》24 卷，记南宋遗闻逸事的《西湖游览志余》26 卷，此二书中还选录了历代诗人歌咏西湖的诸多名篇。《万历钱塘县志》赞道："杭士自弘德来，扬声艺苑者，汝成为最。"

边疆万里行

明嘉靖二十年（1541），杭州知府陈仕贤（字邦宪，号希斋）去拜会一位刚从福建罢官回到钱塘县的老朋友，在朋友府上，他偶然发现了一些手稿，如获至宝，大赞"其事核，其言详，不虚美，不隐恶"，还鼓励他将手稿整理付梓。

十七年后，时任浙江左布政使的陈仕贤终于等来了这本名为《炎徼纪闻》的书，这是中国历史上第一本关于边疆文化及治理的文献。

作者的名字，叫田汝成。

　　田汝成是钱塘人，出生在一个书香之家，家教严格，他从小聪颖过人，写得一手好诗文。正德十四年（1519），他就考中乡贡士，那一年，他的哥哥田汝登同时中榜。一门双贡士，一时间被传为美谈。时隔七年，田汝成中进士，就任南京刑部主事，不久改任礼部仪制司员外郎，因制定皇帝南郊祭祀籍田亲蚕、西苑省耕田采桑等大礼程式，深受嘉靖皇帝赏识。

　　田汝成的仕途，看起来前程似锦。

　　嘉靖十年（1531）冬，是上林苑那些被囚禁动物最幸福的日子。皇帝为求嗣子，崇道行放生之仁，释放了它们，它们重新回到了大自然，自由自在地生活。皇帝此举得到礼部尚书夏言、大学士李时等人的逢迎，而田汝成等几位朝臣却据此上书，进谏道："吾皇若要感动上天并赐予嗣子，关键在于施仁政，让天下太平，百姓安居乐业。"

　　不仅如此，田汝成还请求宽宥、释放在押囚犯。皇帝搞个放生仪式，还由得你指手画脚？盛怒之下，嘉靖皇帝停了他两个月的俸禄，调任祠祭清吏司郎中。

　　后来，皇帝还不解气，在嘉靖十三年（1534）把田汝成下放到广东任提学金事。次年，贬为安徽滁州知州。但一年后，又把他提拔为贵州按察司金事，按察思南、石阡等府。嘉靖十七年（1538），田汝成从京师述职回乡修养，探访亲朋好友后，正准备畅游西湖、好好享受西湖美景时，接到升迁广西布政司右参议的调令。

　　休假没结束，田汝成就奉命南下广西履职。

　　广西是多民族聚居地区，当时各种社会矛盾日趋尖锐。在官吏、土司的双重压迫下，农民起义不断，广西大藤峡地区的瑶民起义规模最大，时间最长，影响最远。缓和社会矛盾，加强西南少数民族地区的治理，成为明王朝的燃眉之急。

田汝成就是在这种背景下来到广西的。起义平息后，他提出了治理方略，边疆不久就恢复了生机。田汝成的政治才干，让他在同僚中树立了威信。当时，以右都御史衔参赞云南军事的毛伯温，称赞他"知谋善虑，宣博有本"，是个"文而知权者也"。

嘉靖十九年（1540），田汝成被提升为福建提学副使，离开了广西。

> 窃录一纪，沿牒九迁，内陟两京，外历三省，匍匐州郡之末，跋涉领海之交，总凡往返于京师者一十有二，留都者四，南海、夜郎者各二矣。虽踪迹未遍于埏垓，而耳目已超于圭窦，况乎瑰山怪水，艰苦备尝，露宿风餐，形容渐槁。（《粤西丛载·田汝成桂林行》）

田汝成一语道尽他的人生过往：为官十五年，除了两任京官，三番五次调任贵州、广西、福建等地任职。也许是厌倦了这种颠沛流离的生活，看破了官场百态，看淡了世俗功名，在福建任提学副使不满一年时，田汝成便告病回乡。

古代文人官员，大多好游，田汝成也一样。每到一处任职，公务之余访古抚今，寻山川之源，探形胜之奇，析边关情势之真伪，断军务之轻重缓急，细察民情，留意吏事，悉心研究治理方略，逐渐形成了如何治理西南少数民族地区的看法。无奈的是，他官位不高，不能直接上书皇帝；权力有限，主张不能付诸实施。

田汝成熟读中国历史，他十分推崇司马迁，称赞司马迁能"远涉江淮，大肆文章之力"，从而成就不朽之作《史记》。自己虽不如司马迁有才，但为官十多年，见识良多，为什么不把自己的所见、所闻、所思记录下来，让他人了解边疆的风土人情、名胜风景、掌故由来及"治国安民"之策，供其他官员"鉴昔慎今"，更好地履职呢？

田汝成罢官早，政治建树不多，但他学识渊博，著述良多，史称他"工古文，尤善叙述"。文人雅士也对他推崇备至，称他"为文沉涵浓郁，有东汉齐梁风"，"根柢于六经，贯穿乎百氏"。

在陈仕贤的鼓励下，田汝成历时十七年，终于在老家钱塘完成了《行边纪闻》《龙凭纪略》《炎徼纪闻》等书，详细地记录了西南边境的基本情况、各民族生活习俗等。其中，《炎徼纪闻》共四卷，是田汝成在西南诸省边境任职时，根据他的亲身经历、耳闻目睹，并收集各种民间传说、碑刻、墓志，抄辑有关的地方志、前人著述、政府公文档册而写成的，书前还有自序。此书是田汝成的代表作之一，包含了大量古代西南地区土司制度和少数民族历史文化，为"土司立传"开创了先例。

最恋是西湖

罢官后，田汝成回到钱塘，日子突然安静下来，再也不用像以前一样跋山涉水、舟车劳顿、四处奔波了，他有大把的时间浪迹西湖，穷览湖山，读书写字，与文人雅士在西湖边饮酒作赋，探讨史学，搜集先朝遗事，其乐无穷。

田汝成作品的两座高峰——《西湖游览志》和《西湖游览志余》，就是在这样惬意的环境中诞生的。

《西湖游览志》既是一部类似地理志的名胜志，也是一部类似导游指南的旅游书。

《西湖游览志》共二十四卷，分西湖总叙、孤山三堤胜迹、南山胜迹、北山胜迹、南山城内胜迹、南山分脉城内胜迹、南山分脉城外胜迹、北山分脉城内胜迹、北山分脉城外胜迹、浙江胜迹。同时配插了宋京城图、浙江图、西湖图等，可以说是图文并茂。此书虽冠以"游览"之名，但实际上大多记载湖山之胜，以西湖山水名胜为纲，附以历史掌故、诸家题咏，为后人研究西湖提供了翔实的依据。

田汝成在编著《西湖游览志》过程中，"摭拾南宋轶闻，分门胪载。大都杭州之事居多，不尽有关于西湖"，整理编辑成《西湖游览志余》。全书共二十六卷，分帝王都会、偏安佚豫、佞幸盘荒、版荡凄凉、贤达高风、

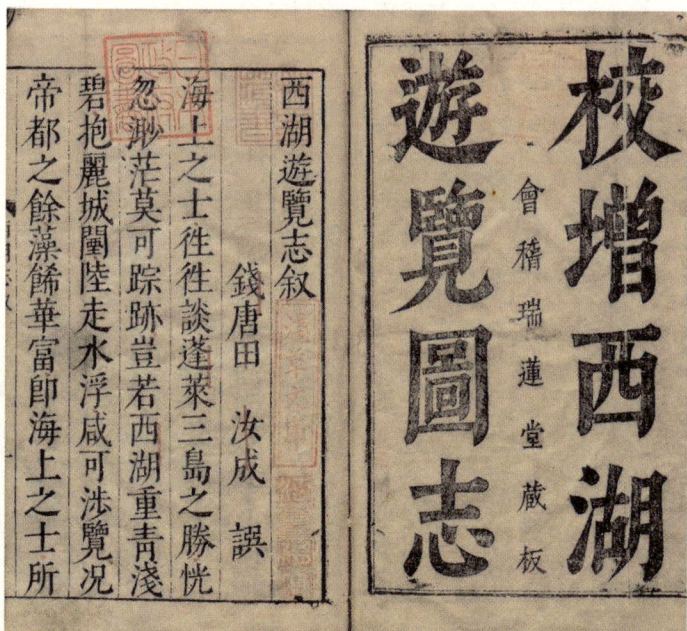

〔明〕田汝成《西湖游览志》（明万历四十七年〔1619〕商维濬增删本）书影

才情雅致、方外玄踪、香奁艳语、艺文赏鉴、术技名家、熙朝乐事、委巷丛谈、幽怪传疑等，内容涉及帝王将相、忠臣义士、文人墨客、高僧名妓等各类人群，既有杭州民间风俗、童谣谚语、四季游杭的趣事，又有书画名家的珍贵资料及传说故事。后来，有些故事还被改编成白话小说。

田汝成编撰的《西湖游览志余》，"裁剪之遗，兼收并蓄，分门汇种"，与《西湖游览志》一起，成为一部古代杭州城市"百科全书"。

嘉靖二十六年（1547）十一月，成书之日，田汝成为《西湖游览志》作了一个自序：

> 海上之士，往往谈蓬莱三岛之胜，恍忽渺茫，莫可踪迹。岂若西湖重青浅碧，抱丽城闉，陆走水浮，咸可涉览？况帝都之余，藻饰华富，即海上之士所称珠宫贝阙，琪树琼花，当不过此，宜乎胜甲寰中，声闻夷服也。然海内名山，率皆有志，而西湖独无，讵非阙典？曩岁五岳山人黄勉之尝谓予曰："西湖无志，犹西子不写照，霓裳不按谱也，子盍图之。"时予敬诺，而五六年前，宦游无暇。迨乎宅忧除服，聊寓目焉，风景不殊，良朋就世，言犹在耳，负约已长。因念古人逾祥授琴，将以舒其苑结，闻笛作赋，用以感于幽冥。予不敏，窃比山水于笙歌，拟占毕以酬诺，一物二义，爰契我心。于是绅集见闻，再证履讨，辑撰此书。叙列山川，附以胜迹，揭纲统目，为卷者二十有四，题曰《西湖游览志》。裁剪之遗，兼收并蓄，分门汇种，为卷者二十有六，题曰《西湖游览志余》。

这篇序交代了田汝成当时创作《西湖游览志》及《西湖游览志余》的动机。

"达则兼济天下，穷则独善其身。"田汝成一直拥有以天下为己任的情怀，"立身行道，扬名于后世"是他的人生目标。然而，明王朝朝政腐败，同僚尔虞我诈，忠臣屡遭陷害、命运悲惨巨测……所有这些，使他感到彷徨、迷茫、困惑。也许，只有山水田园才能让他心灵栖息，重拾宁静，重拾自我。

西湖，理所当然成了田汝成的精神家园，成了他理想的寄托对象。因此，田汝成产生了为西湖作志的想法，他要把西湖的山山水水、一草一木、一事一诗都记录下来，留给后人。

曾经有人说过："杭之西湖，本名明圣湖。汉时金牛见湖中，人以为明圣之瑞，故称明圣湖。以其介于钱塘，又称钱塘湖；以其输委于下湖，又称上湖；以其负郭而西，故又称西湖。叔禾生其地，以西湖从未有志，殊为缺事，乃搜集见闻，又证以履讨。"这印证了田汝成作志的初衷。

《西湖游览志》《西湖游览志余》也有被人诟病的地方，说"此书多述游冶之事，歌舞之谈，导欲宣奢，非以长化也"。但在田汝成看来，"游冶之事，歌舞之谈"本身没有错，"西湖歌舞几时休"没有错，"暖风熏得游人醉"也没有错，如果有错，那一定是人，是那些将杭州作为汴州、醉生梦死的人。

正因田汝成完全尊重杭州的历史与现实，才保留了很多不为正史所记载的风俗习惯和社会现象，为后人的研究提供了珍贵的史料。对此，《四库全书总目提要》的评价最为客观："因名胜而附以事迹，鸿纤巨细，一一兼赅，非惟可广见闻，并可以考文献。"

虽然世人对《西湖游览志》《西湖游览志余》褒贬不

一，但不可否认的是，《西湖游览志》记录的西湖胜迹来历、传说，《西湖游览志余》描述的掌故逸闻，成为明末以后作家创作"西湖小说"的题材。

西湖小说即以西湖或杭州为主要的故事发生地的小说，以浓郁的地域特色独树一帜。

"西湖小说"始于宋代，即"话本"，从明天启年间开始兴盛，直至晚明达到高峰，到清康乾时期仍有遗风，明末清初的"西湖小说"达一百多部，但到清中叶以后开始走下坡路，几乎再无优秀作品出现。但它对经典名著《红楼梦》产生了一定影响。

《红楼梦》是中国古代小说的高峰，具有"西湖梦境小说"的特征，"大旨言情"的主题，可在"西湖梦境小说"中找到出处。通过梦幻与现实交织的表现手法，把西湖美景与主人公梦境相结合，把"天堂"的地域特色与人间的浪漫情调融为一体，贾宝玉的"太虚幻境"之梦就是典型。潇湘馆、怡红院、蘅芜苑、稻香村、芦雪庵、天齐庙、藕香桥、沁芳溪等诗情画意的小说氛围，

西湖三潭

都有西湖的印迹。

超越地域限制的"西湖小说"，最终成就了永恒的艺术魅力。

诗文誉人间

《田叔禾小集》是田汝成唯一的诗文别集，卷首有嘉靖四十二年（1563）蒋灼序，又有他的儿子田艺蘅所作的引，共十二卷，收诗文三百六十九首，仅为其生平全部著述的三分之一左右，其他诗文大都佚失，实为遗憾。

这本诗文别集，是田汝成的儿子田艺蘅私下编辑的。

在钱塘，田、徐两姓为世交。田汝成与妻子徐氏育有子、女各一，田艺蘅出生于嘉靖三年（1524）。嘉靖十四年（1535），田汝成在滁州为官时，徐氏长途跋涉赶往滁州与夫君、儿子会合，但可惜的是，在滁州待了几个月后就病逝了。田汝成十分痛心，写下《祭亡妻徐恭人文》悼念亡妻：

尔魂如在，永托我身。无东无西，而我附因。蛮陬绝裔，箐崿嶙峋。百怪出没，以怵尔神。惟吾与尔，异体而亲。

整首悼文情深深、意切切，凄婉感人。

徐氏去世时，田艺蘅只有十一岁。即使田汝成远在边疆，也始终扮演着一位尽职尽责的严父角色，严以律之，望子成龙。他在贵州任职时，曾经给远在老家的儿子写了一首《示艺蘅》：

> 大父秉明哲，家纲振弘美。
> 定省肃恒仪，愉颜承母氏。
> 在礼隆一源，所后非异视。
> 汝姊归有期，樆枙别嫌似。
> 阿妹才六龄，痴小复丧妣。
> 块处伤茕单，戕脾断瓜李。
> 小叔虽龀龆，名行我伦比。
> 逊让太古前，趋蹡勿肩傂。
> 物情和以谐，天道盈有毁。
> 世禄犹不支，寒宗焉所恃。
> 夙夜慎身修，兢翼保福履。
> 朝华悲蚤披，颓羲遄暮轨。
> 厉志或悬头，惜阴亦拊髀。
> 羹墙觌前修，龟镜括诸史。
> 曾是握瑾瑜，岂云觊青紫。
> 我用申啸歌，法言间文俚。
> 叠叠探由衷，拳拳胜提耳。
> 孝理不遐求，兴言嘱桥梓。
> 抱裹三复之，无为漫诺唯。

在《示艺蘅》中，田汝成谆谆教诲，教导孩子如何学会自立、学会坚强，对长辈要尊敬、孝敬，妹妹只有六岁，年纪小，又失去了母亲，要把她照顾好。同时，他还教导儿子要"夙夜慎身修"，刻苦学习，努力成才。孩子刚刚失去母亲，他又远在贵州，字里行间，这种牵挂和无奈，让人动容。

田汝成在异地任职时，曾经多次带着儿子一同赴任，田艺蘅潜移默化受到了父亲的影响，饱读诗书，博学能文，才华横溢，著有《大明同文集》《留青日札》《煮酒小品》《老子指玄》《田子艺集》等。

田艺蘅文学成就不亚于田汝成，但科举之路却相当坎坷，七次参加举子试而不中，只获得贡生名分，曾任徽州训导。当时，朝堂内外有许多官员、文人雅士想收藏田汝成的诗文，但他却再三推辞，为了满足粉丝们的需求，田艺蘅自作主张，把父亲的文稿编辑成《田叔禾小集》。

> 家君喜读书，垂老病废，两手捧卷不忍释，平时属文毕，遽持其草与人，多不蓄副本。四方宦游，复渐散轶，故尝自咏云"一从桂海骖鸾去，零落珠玑烂未收"，殆纪实也。即今所存，车载驷马，尚恐不能胜，而海内名王上公递遣侍史来……因请梓而行之者再四，家君顾谦让，未皇许也。退而私自缮写，凡得诗文三百六十九首，分为一十二卷，初不暇计其次第，先此锓布以应户外索文者，敢并识其所闻如斯云。

田艺蘅在《田叔禾小集·家大夫小集引》中说，为父亲编这本书是应时人所求。此外，他还描述了晚年田汝成仍"两手捧卷不忍释"的样子，田汝成的治学精神可见一斑，正是这种治学精神成就了他，为他赢得了文学盛名。

《田叔禾小集》含序、碑和记、题跋、诗歌等，诗文虽然数量不多，但也是字字珠玑，不少诗歌作品被收入《列朝诗集》《明诗综》等诗歌总集里。如《西湖游览五首》（其二）：

苏堤如带束湖心，罗绮新妆照碧浔。
翠幕浅搴怜草色，华筵小簇占花阴。
凌波人度纤纤玉，促柱筝翻叠叠金。
月出笙歌敛城市，珠楼缥缈彩云深。

这首诗从视觉和听觉、近景和远景等角度，描写了诗人春游西湖的所见所闻，呈现了一幅花红柳绿、笙歌燕舞的西湖暮景图。

再如《嘉兴晚发别陈子常》：

江南春尽落花天，桑柘笼烟水满田。
野店酒香新雨后，断桥人渡夕阳边。
羁怀潇洒惟歌啸，世路崎岖只醉眠。
倾盖逢君成坐久，片帆乘月下吴川。

雨后梅花落满地

这首诗韵律整齐，极富音乐感，描摹出一幅江南水乡美丽画卷。江南春尽，落花漫天飞舞，雨后，水雾笼罩着桑树，田里灌满了春水，诗人与友人醉酒晚归，一路走一路大声吟唱，心情相当舒畅，不知不觉便借着月光，乘船下吴川……

田汝成的诗，清新明朗，自然洗练，少有沉郁之气，即使处在逆境，也没有抱怨和悲叹，始终能够泰然处之。能保持这样的心态，缘于他始终如一的信念，虽然被贬边地，但还是想着如何报效朝廷，心系大明王朝的命运和前途。因此，《田叔禾小集》留给世人更多的是积极健康的生活态度。

田汝成能够名垂青史，还有一个不可忽视的原因，那就是大家从《田叔禾小集》里，发现了他公正廉洁、严于律己、一心为民的高尚情操。

东瀛有"西湖"

每当提起《西湖游览志》和《西湖游览志余》，人们就自然会想起它的作者——田汝成。可以说，是《西湖游览志》和《西湖游览志余》成就了田汝成的声名。

而《西湖游览志》以鲜明的文学色彩，把西湖人文与湖光山色融于一体，真实体现了"天人合一"的传统文化理念，是地方志与文学作品无缝对接的杰作，开创了西湖志书的先河，而且传播到世界各地，扩大了西湖文化在全世界的影响力。

公元 16 至 17 世纪，一群来自日本的佛教僧侣来到杭州，他们被西湖的绝色风光、文化魅力深深吸引，流连忘返。当他们发现图文并茂的《西湖游览志》时，如获至宝。日本太需要像西湖这样的景观了！他们开始安顿下来，认真品味西湖的文化内涵，研究西湖风景园林、石拱桥、亭台楼榭的建筑工艺。学成之后，他们兴高采烈地回到了日本。

受《西湖游览志》的启发，日本人借鉴和模仿西湖景观的造园艺术，石拱桥、亭台楼榭等独特的建筑工艺，在广岛复制了小西湖——缩景园，还复制了其他一些西湖名胜古迹，把中国传统景观园林的审美理念、诗情画意的文化元素、巧夺天工的工艺水平展现得淋漓尽致。

田汝成也许没有想到，《西湖游览志》会成为日本人学习西湖文化的教科书。

2011 年，法国巴黎，联合国教科文组织第 35 届世界遗产委员会会议将杭州西湖文化景观列入《世界遗产名录》，成为杭州首个世界遗产。

参考文献

1.〔明〕田汝成:《西湖游览志》,《武林掌故丛编》本。
2.〔明〕田汝成:《西湖游览志余》,《武林掌故丛编》本。
3.〔明〕田汝成:《炎徼纪闻》,文渊阁《四库全书》本。
4.〔明〕田汝成:《田叔禾小集》,《武林往哲遗著》本。
5.〔明〕钱谦益:《列朝诗集小传》,上海古籍出版社,2008 年。
6.〔清〕朱彝尊:《明诗综》,康熙四十四年（1705）

刻本。

　　7.〔明〕张廷玉等:《明史》,中华书局,1974年。

　　8.詹明瑜:《田汝成研究》,上海师范大学硕士学位论文,2012年。

　　9.土默热:《西子湖畔红楼情》,西泠印社出版社,2011年。

蓝瑛的"水墨江南"

蓝瑛(1585—约1666),字田叔,号蝶叟,晚号石头陀、山公、西湖外史、西湖研民,又号东郭老农,钱塘(今浙江杭州)人。明代杰出画家,浙派后期代表画家之一,与戴进、吴伟合称"浙派三大家"。

蓝瑛一生以绘画为职业,长于山水、花鸟、兰竹,尤以山水著名。其山水法宗宋元,又自成一家。其画派在晚明影响甚大,传其画法者甚多。

龙泓挥毫

如今的杭州人,对"龙井"一词,几乎是无人不知、无人不晓。龙井作为西湖龙井茶的主产地,因其环境适宜,水质清澈,茶品上佳,自北宋释辩才归老于此后便开始广为人知,至明代更加著名,到如今早已蜚声海内外。

然而,龙井以前的称呼——龙泓,却并不为太多人所熟知。明代《煮泉小品》记载:"龙泓今称龙井,因其深也。"又载:"武林诸泉,惟龙泓入品,而茶亦惟龙泓山为最。……其上为老龙泓,寒碧倍之,其地产茶为南北山绝品。"

蓝瑛以绘画为职业,他游历大江南北,饱览名山大川,不断开阔眼界,丰富创作内涵。龙泓这样的风雅之地,当然少不了他的身影。因而这"龙泓"一词，也就自然而然不止一次地出现在他的作品之中。

1623 年，年近不惑的蓝瑛和几位好友来到了龙泓，只见此地群山巍峨，绿树成荫，瀑布飞泻，小溪潺潺，秀山丽水相映成趣，顿时为眼前的景象所陶醉。

忽然，从不远处传来了一声悠扬的钟声，此时大家才惊奇地发现，原来在此幽静之地，竟然还藏着一座龙泓精蓝。

"田叔兄，您工书善画，尤其擅长山水。何不借这方宝刹挥毫泼墨，以不辜负这绝妙的山水胜境？"一位好友提议。

"我也正有此意！"蓝瑛答道。一行人来到寺庙，叩门而入，见过住持并说明了来意，找了间书房坐定。

蓝瑛说："要展现此胜景，用赵子昂（孟𫖯）先生次子赵仲穆山水画的意境来表现，是最恰当不过了。"随即，他摊开绢轴，准备好笔墨和石青、石绿、朱砂、赭石、铅粉等所需颜料。只见他先是凝神静思，然后下笔如有神助，勾勒、点染、堆积、着色……笔墨苍劲雄浑，线条疏简粗犷。

随后，蓝瑛在右上角留白处，题下了"溪阁清言赵仲穆画法拟于龙泓精蓝"，并落上自己的姓名"蓝瑛"二字，最后盖上了印章，一幅传世之作《溪阁清言图》便新鲜出炉了。

众人围上前来观赏，只见此画构思独特、别出心裁，以石壁、劲松及房屋为主要景物构图，和瀑布、河流相

溪閣清言趙仲穆
龍泓精舍重陽
田叔擬于

〔明〕蓝瑛《溪阁清言图》

互映衬，整幅画面既显得清新苍秀，又不失气势磅礴，既灵动有趣，又不失意境深邃。画幅中央，一排建筑在几棵大树的掩映之下隐约可见，下方则有一曲溪水在缓缓流淌。屋内两三文人或是清谈，或是沉思，给人以舒适淡然、恬静安逸之感。大家不由得异口同声地赞叹道："溪阁清言，深山幽居，好不令人神往！"

"田叔兄此画，落笔纵横，水墨淋漓，用笔精到，气韵生动。大家看这三棵松树，因远近不同，运用了重墨、中墨、淡墨三种笔法，离我们最近的树墨色最重，随距离依次递减。蓝兄运用色彩的变化，营造出了立体的空间层次感。对三棵树形态的刻画也是非常生动，左侧两株稍远点的松树，姿态相对挺拔直立，而右侧近处的这株形态上向右倾斜，既通过错落有致的形态变化，摆脱了同类景物的呆板效果，也使画面有了更好的平衡感。"一名好友说道。

另一名好友也不甘落后："此画细节上的处理，也是十分精妙。在画山石的时候，先用'披麻皴'的技法来表现岩石的独特质感，然后用石青、石绿上色，并与底色形成一定程度的反差。对山峰上的苔点、杂草和松身上攀附的女萝，用冷色调的石青着色，与主景形成更加强烈的反差，显得格外醒目。正是通过细节上的处理，使得整个画面更加丰富多彩。"

蓝瑛听了好友们的称赞，微笑着连连道谢："感谢各位好友抬爱！"

这时另一位好友说道："田叔兄自幼开始习画，早年以临摹古画为主，重点临摹的是唐宋元诸家绘画大师的传世佳作，尤其痴迷于元代黄子久（公望）的作品，后临摹本朝沈石田（周）大师的作品，也是颇有心得。

这幅画笔致工整细润，画风清淡娴静，很好地运用了元代的绘画技巧，看得出深厚的绘画功底。实际上，田叔兄虽然在作品中经常题有'仿王右丞''法荆浩''法李咸熙'等，包括此作品的'赵仲穆画法'。其实，田叔兄的画已完全摆脱了前人的风格和技法，融会贯通，形成了自己独特的艺术风格，并通过作品完美地展示出来。真是令人佩服啊！"

蓝瑛听了，禁不住微微点头："我个人以为，绘画和书法有着异曲同工之妙。其一，都需要兼收并蓄，汲取先人之所长。其二，都需要熟能生巧，方能驾轻就熟，得心应手。所以，必须勤学苦练。而临摹，则是基础中的基础。因此，我对以往的名家之作，总是不遗余力地临摹，学习他们的意境、构思、技法和精髓，时间久了，才能在自己的创作过程中随心所欲、信手拈来。"

众人点头称是。

经过几百年的岁月沧桑，蓝瑛的这幅《溪阁清言图》依然保存完好，现收藏于我国台北故宫博物院。

西湖雅集

一日，正值江南雨季，天空中飘着微微细雨。

蓝瑛与众人相约去西湖画舫赴雅集之约。初夏的雨后，仍透着几分凉意，让人平添了几分愁绪。那艘叫"随喜庵"的画舫，静静地停泊在西湖的码头边，等待着雅士们的光临。远处的湖面被一片雨雾笼罩着，让人仿佛置身于仙境之中。不远处，苏堤边的水面上，已依稀可见新长出的荷叶，羞涩地微卷着，在这江南绵绵细雨的浸润下显得更加碧绿和娇艳。

一行人登上了画舫，随即画舫向湖中央缓缓划去。船舱内，挽着发髻、面容姣好的歌姬们，也开始唱起了悦耳动听的歌声……

蓝瑛与众人参加的西湖画舫雅集，是文人雅士吟咏诗文、讨论学问的一种聚会形式。它内容丰富、形式多样，包括山水游历、吟唱宴饮、书画交流、艺术共赏等。

明代中晚期开始，由于旅游、结社等风气盛行，雅集作为文人们情感交流和学术思想传播的重要载体和平台，自然也就变得十分普遍。江南一带历来文人墨客众多，雅集的历史也就更为悠久了。《万历杭州府志》记载："吾杭士大夫之里居者，十数为群，选胜为乐，咏景赋志，优游自如。"

江南雅集聚会的场所，除了传统的陆上，更是结合当地湖泊众多的特点，拓展到了湖上。而说起湖上雅集，当然不得不说西湖。而说起明代的西湖雅集，自然不能不提迁居钱塘的富商汪汝谦和他颇具江南特色的湖舫雅集。

汪汝谦祖辈以商贾起家，他热情好客，又乐善好施。他的西湖雅集不仅吸引了董其昌、文徵明、陈继儒、钱谦益等众多知名文人的参与，甚至连一些方外之人和艺妓优伶也成了其座上客，足见其人气之兴旺和影响之广泛。为了营造风雅幽静的场所，汪汝谦还在原来以木兰为舟"不系园"的基础上，专门又造了一艘画舫，并常年航行于西湖之上，董其昌将其命名为"随喜庵"。

明人雅集时，多会邀请绘画大师写像或品赏题跋，于是，蓝瑛就成了西湖雅集的常客。雅集的举办往往显得十分随意，无论春夏秋冬，也无论品茶饮酒，迎宾饯行，还是赏花听曲，有意者即可邀请少则三两知己，多则十余亲朋参加。

蓝瑛与众人一边观景，一边听曲，一边行着酒令饮酒。不知不觉之中，已是酒过三巡。此时，一名叫高故的宾客对蓝瑛说："早听闻田叔兄工书善画，能否请赐墨宝一幅？"

蓝瑛酒已微醺，见盛情难却，也不推辞："哪位仁兄借扇面一用？"

"田叔兄若不嫌弃，用我的金笺扇面如何？"文学家、戏曲评论家王思任（号遂东）回答道。

蓝瑛微笑道："正好正好！金笺扇面墨色未干时，自然浑融，易于藏拙，有其独特的韵味！"

王思任递过扇面，蓝瑛作揖后双手接过，放于桌上，此时早有家仆准备好了笔砚。蓝瑛拿起笔，在砚台上将笔浸润墨汁后，略作停顿，稍加思虑以后，便挥笔一蹴而就："满湖寒雨结愁丝，画舸停棹问客移。雾幔白沉西子梦，荷衣绿卷大苏堤。快晴暂阁行觞政，小扇看画即事诗。倩妓髻鬆司墨仙，鹅群顿索立多时。"并题："高故席中索，王遂东先生出扇。芳洲老先生正。"

众人见蓝瑛才思敏捷，笔走龙蛇，都赞叹不已："只听说田叔兄精通丹青，却没想到诗书也是如此了得！"不由得肃然起敬。

蓝瑛在钱塘，多次参加也多次举办过雅集。在雅集中被求墨宝的情况，也是十分常见，扇面由于面积较小，适合在短时间内较快地完成创作，因而有不少在雅集中创作的诗扇和画扇存世。现藏于四川博物馆的蓝瑛金笺行书五律诗扇面也有他的题诗："雀舌香初透，高轩叱驭来。新声铙吹歌，玄尘吉云开。梅月笼芳砌，须眉照摄台。隔帘歌窈窕，醇饮共忘回。"并题："汪然明宴集生翁老祖台并诸同社即席请正。"该诗生动地展现了文人雅士们品茶听曲的闲情逸致。

雅集对文人雅士来说，是一个非常好的交友怡情之所在，在雅集中创作的作品，从一个侧面展现了当时当地的风土人情和文人雅士们的生活情趣。

城曲茅堂

蓝瑛的居所位于钱塘城东，榜额曰"城曲茅堂"。主人自诩个人居所为"城角草盖的屋舍"，足见其虚怀若谷的本性、清雅淡然的风骨。清代杭州藏书家龚翔麟称其为"文酒地"，想必也少不了在此地赏文饮酒。

那日，蓝瑛的几位好友来到了城曲茅堂。其中，就包括蓝瑛钱塘社的社友张遂辰。张遂辰是汪汝谦的至交，既是一代名医，又擅长作诗，是钱塘学派的开山祖，被董其昌、陈继儒称许为"奇才"。其居住之地与蓝瑛的城曲茅堂相隔不远，因此两人经常相互走动，并一同赴雅集宴饮，绘画赋诗。

这城曲茅堂建在山脚下，张遂辰等人乘马车前来，一路上绿树成荫，环境优美，静谧恬然，置身其中，让人远离闹市的喧嚣，心如止水。茅堂坐落在绿树掩映之中，龚翔麟有诗句云："病叶黄堆径，寒流绿映门。"

众人来到了门口，只见门楣上的匾额上，赫然写着"城曲茅堂"四个大字，笔力遒劲有力，笔锋潇洒奔放，

一看便是蓝瑛本人所写。蓝瑛早已在门口等候，见过众人，一番寒暄之后，便引领着大家入内。

众人来到客厅，未及坐定，有人便开始在客厅走动，欣赏起墙壁上陈列的画作来。

张遂辰径直来到一幅画前，端详了许久才说道："这幅《溪山秋色图》构图大气磅礴，气势非凡，我很喜欢，每次来此，我都要欣赏许久。你们看，此画虽然有山有水，有石有林，有河有溪，有树有草，但是布局井井有条，毫无凌乱之感。画卷的最右侧是一片宽阔的水域，水流平缓，波澜不惊，远处的山峰被云雾笼罩，依稀可见。在水域之上，点缀着一座沙洲，配上一株叶已泛黄的小树，既解决了水域大空间的单调问题，又点出了整幅画'秋'的主题。中部的几处山石嶙峋，呈错落有致分布，山坡上零星地点缀着一些杂草和树木，其间有潺潺溪流在山石之间蜿蜒穿行，动静结合，相得益彰。整幅画无论是意境、构图、布局还是技法，都堪称上乘之作！"

〔明〕蓝瑛《溪山秋色图》

蓝瑛听了，说道："贤兄见笑了！此画为癸丑（1613）新秋所作。"

张遂辰听了，笑道："难怪这幅画作意境宁静致远，用笔柔和细腻，色彩清丽淡雅，墨色饱满滋润，原来当时田叔兄正痴迷于'松江派'的画作啊！"

蓝瑛笑道："正是正是！此作完成后，承蒙眉公（陈继儒）赞赏，为其题字'澄怀观道'。一日，香光（董其昌）见了也是爱不释手，并两次为其题跋，我实在是三生有幸啊！"

欣赏了《溪山秋色图》之后，众人又观赏了蓝瑛的《华岳秋高图》《白云红树图》《秋壑霜林图》等画作。一友人说道："早听闻田叔兄善写秋景，今日得见，果然是名不虚传啊！你们看，我们刚才欣赏的画作，无一不是描写秋景的。虽然描绘的都是秋景，但每幅画作之中的景色却各不相同、各有千秋。"

另一人说道："田叔兄的绘画，用笔有顿挫，以疏秀苍劲取胜。其画法主要有两种：一种叫做浅绛法，先用浓淡干湿变化的墨线勾勒轮廓的结构变化，再施以淡的赭石渲染山石、树木的结构处，最后用淡花青类色染而成。另一种就是没骨法，也即不用墨笔立骨的技法，直接用彩色作画，所得画作色彩鲜艳醒目，点染别致。"

蓝瑛点头道："可以说，浅绛法是传统的山水绘画方法，技法中规中矩，而没骨法以彩笔代替墨笔，作品更加张扬。"

一行人又观赏了《仿李唐山水图》《仿王蒙山水图》《临大痴山水图卷》等佳作。

当天，众人又在城曲茅堂挥毫泼墨、吟诗作赋，十分开心，很晚才散去。

蓝瑛一生笔耕不辍，传世的画作数量众多。其中仅上海博物馆就收藏了约 60 幅作品，故宫博物院、南京博

[明] 蓝瑛《秋山幽居图》（局部）

物院、湖北省博物馆、辽宁省博物馆、安徽省博物馆等都有其藏品，浙江省博物馆就藏有《江皋暮雪图》《秋山水阁图》《清朝柱石图》等精品。

武林画派

1632年，西湖迎来了一件喜事。

这年初，状元韩敬倡议修复西湖两亭，得到盐运副使崔世召的赞同。在崔世召的发动下，乡贤富贾纷纷慷慨解囊，集资修葺湖心亭、放鹤亭等，蓝瑛被推举为湖心亭修复工程的监管者。此次修整为西湖增色不少，董其昌、陈继儒、李日华、韩敬等文人雅士纷纷撰文，以示纪念。

文人雅士向来挑剔，能够担任湖心亭修复工程的监管者，必是德艺双馨之人，不仅要有精湛的绘画技艺，而且要德高望重，人格魅力要得到公众的认可。

蓝瑛就是这样的人。

就蓝瑛而言，他对虚名从来就没有过多的在意和追求。因为他只是把绘画作为自己热爱的事业，同时也是谋生的手段。

早年，他临摹唐宋元诸大家的作品，其精妙程度，几乎可以乱真。他以临摹为基础，夯实了自身的绘画功底。青年时期，他通过游历山水美景，汲取创作灵感，长期活动于杭州、嘉兴、南京、扬州、绍兴等地，以卖画授徒为生。纵然如此，他也从没想过自创画派，更没想过某日会成为某个画派的开创者。

对于他的流派，绘画学术史上也存在着不同的意见。画史上称之为"后浙派"，将他与戴进、吴伟合称"浙派三大家"，清代以来不少学者把蓝瑛称为"浙派殿军"。但实际上，他的画风与戴进等有诸多不同，和戴进并无师承关系，所以有人认为，不能完全将蓝瑛归于"浙派"之列。

蓝瑛的画风融合诸多名家技法，对南北两宗风格兼收并蓄，特别是他晚年的绘画风格自成一家，在明末清初影响巨大，几乎到了足以与"松江派"抗衡的地步。蓝瑛生长于"浙派"的发源地钱塘，他的追随者也主要集中在杭州一带，因此，他被视为"武林派"的创始人。

蓝瑛的绘画影响广泛，师承他的人可分成三类：一类是他的嫡传弟子，如早期的刘度、蓝孟等人；一类是出自蓝瑛的嫡传弟子门下或模仿蓝瑛画风的职业画家，如蓝涛等；还有一类是早年曾经出自蓝氏门下，后来自立门户创立了独立画风的陈洪绶、禹之鼎等。事实上，此后的"金陵八家"等著名画家，都在一定程度上受他画风的影响。

蓝瑛胸怀名山大川的壮美，有着超凡卓越的视野，这让他拥有了肆意挥洒、任性泼墨的底气与豪气！他的绘画根植于水墨江南，发扬光大于江南，傲然屹立于江南，最终成为“武林派”的开山鼻祖。

试问：历史长河中开宗立派的画家又有几人？

参考文献

1.杨惠东：《中国名画家全集——蓝瑛》，河北教育出版社，2006 年。

2.胡启明：《蓝瑛与西湖雅集》，《中国文化报》2014 年 9 月 7 日。

3.〔明〕汪汝谦等：《不系园集》《随喜庵集》，《武林故掌丛编》第一集，清光绪五年（1879）钱塘丁氏八千卷楼刻本。

戏里戏外皆风雅

高濂（约 1527—约 1603），字深甫，号瑞南，钱塘（今浙江杭州）人。明代戏曲作家。

高濂能诗文，兼通医理，擅养生，尤以戏曲名于世。所作传奇剧本有《玉簪记》《节孝记》，诗文集《雅尚斋诗草》《芳芷楼词》，杂著《遵生八笺》，另有《牡丹花谱》《兰谱》传世。

归隐西湖

从京城到钱塘的官道上，一辆马车正飞快地奔驰着。马车内坐着一名锦衣华服的中年男子，他生得眉清目秀，面容端庄，一看便是养尊处优之人。此时的他，正面露焦急的神情，时不时地透过车窗向外张望着。

看着一路飞驰而过的田野和树木，他根本无心欣赏，只是不厌其烦地一遍又一遍地问身边的一名后生："春生啊，从京城出来都几十天了，我们快马加鞭地赶路，应该快到家乡了吧？"

那被唤作春生的后生可能是被问得多了，抿着嘴微笑着说道："老爷，您可真是归心似箭啊！我看您啊，巴不得能长出翅膀飞回钱塘去呢。按正常行程，我们还得有一天才能到家呢！就算我们这样紧赶慢赶，也总还得有个大半天才能到家吧。"

那名男子不是别人，正是高濂。那名书童模样的后生，则是他的家仆春生。

高濂略显失望而又无可奈何地摇了摇头："还有这么久才能到啊？出来这么久了，我可真是怀念钱塘的山水和故人啊！"

秋生点点头，说："老爷离开钱塘到京城，在鸿胪寺为官，已有十多个年头了吧？"

鸿者，声也；胪者，传也。"鸿胪"意为传达信息，指的是对外交往。中国作为礼仪之邦，历代王朝对各国朝贡交往极为看重，十分重视对外接待工作。这鸿胪寺，就是朝廷为接待外国使节而专门设立的机构。到了明代，鸿胪寺的职能更是拓展到了掌朝会、宾客、吉凶仪礼之事。

高濂点了点头。此次他向朝廷提出辞呈，好不容易得到了批准，才能辞去在鸿胪寺的官职返回家乡，这也是他多年来的夙愿。此刻的他，只盼着能与钱塘的家人和亲朋好友早日团聚，尽情享受那西湖的人间美景，品尝江南的饕餮美食，早已把自己曾经就职的鸿胪寺抛到了九霄云外。

突然，天空中传来"嘎——嘎——"的叫声，高濂将头伸出车窗，抬头一看，一行大雁正排成了"人"字形，义无反顾地向南方飞去……这不禁让高濂触景生情起来：入秋天凉了，大雁尚且知道南飞，更何况人呢？

高濂平视窗外，只见此时道路两旁快速掠过眼帘的树木，大多已是色彩缤纷，五彩斑斓，远处山上的红叶，

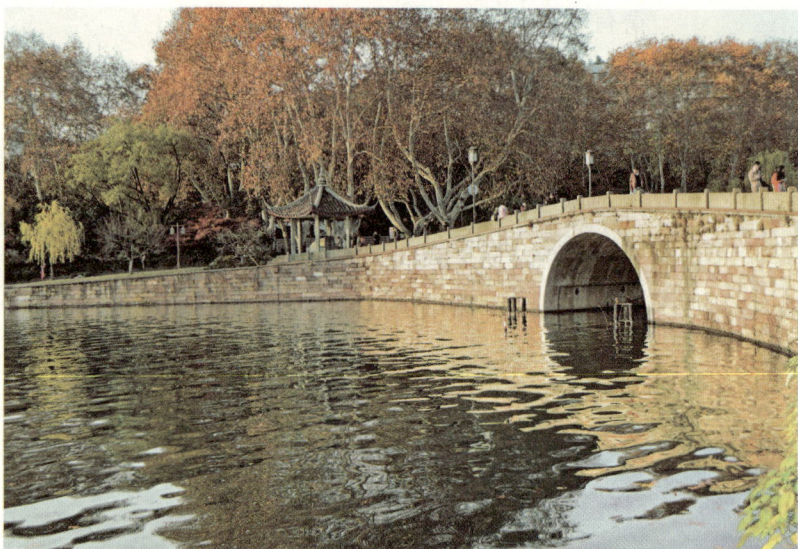

西泠桥

或连绵不绝，火红一片，或星星点点，相映成趣。此情此景，使高濂的脑海中不禁浮现出多年前他和好友们结伴游西泠赏红叶时的情景。

西泠，位于西湖之西，是南朝江南名妓苏小小的魂断处，西泠桥头至今仍存苏小小墓，墓上盖亭，亭柱上有一副名对："湖山此地曾埋玉；花月其人可铸金。"到了清代，这一带还建有西泠印社和鉴湖女侠秋瑾墓等胜迹。

那日傍晚时分，高濂和几位好友三五成群地来到了西泠桥畔，此时的他们，正青春年少，狂放不羁。

那西泠桥边，有枫树数株，每到秋日，树叶便被秋霜染红，在夕阳的照耀下，更加显得鲜艳夺目。众人分乘小舟，向岸上观赏，皆陶醉于这枫林秋色，纷纷饮酒作诗。吟赏中有人得到佳句，便会洋洋自得地以红叶为信笺，将诗句书写其上，然后轻轻抛入水中，任其随波逐流，期待有缘人得之，成就一段邂逅的佳话。

高濂感叹道："怪不得杜牧有'停车坐爱枫林晚，霜叶红于二月花'之句呢！

美好快乐的时光，总是特别短暂。不知不觉中，已到了月明时分。秋风乍起，大家迎着风，不惧秋凉，任凭片片红叶被风吹起，在身旁翩翩起舞，尽情享受这秋色怜人的缠绵悱恻。此时的高濂，再也抑制不住胸中的情感，写下了《西泠桥畔醉红树》：

> 西泠在湖之西，桥侧为唐一庵公墓，中有枫柏数株，秋来霜红雾紫，点缀成林，影醉夕阳，鲜艳夺目。时携小艇，扶尊登桥吟赏，或得一二新句，出携囊红叶笺书之，临风掷水，泛泛随流，不知飘泊何所，幽情耿耿撩人。更于月夜相对，露湿红新，朝烟凝望，明霞艳日，岂直胜于二月花也！西风起处，一叶飞向尊前，意似秋色怜人，令我腾欢豪举，兴薄云霄，翩翩然神爽哉！何红叶之得我耶！……

回忆至此，高濂不禁暗自思忖：平日在朝为官之时，奔波于住处和官署之间，终日为了公务忙忙碌碌，几乎无暇顾及其他，却自以为功成名就，得意非凡。但回想起昔日，可以任性地一醉方休，肆意地畅游美景，这等逍遥快活的日子，又岂是入朝为官可以比拟的？

奔波许久，高濂终于回到了朝思暮想的家乡，选择归隐西湖，对他而言，意味着精彩人生即将开启新的篇章……

八卦春色

没有了公务的羁绊和烦扰，高濂有了更多的时间做自己喜欢的事情。

高濂出生在钱塘一户家境殷实的人家，自幼衣食无忧，情趣多样，爱好广泛：吟诗作赋，文物鉴赏，游历养生，无所不涉；琴棋书画，茶酒烹调，赏花论字，无所不通。可以毫不夸张地说，他就是一个不折不扣的杂学通才。

高濂这次回到家乡，最想做的是游历钱塘秀美的山水，领略人间天堂的风情。在异乡生活的这段日子，让他愈发想念家乡的美景，甚至几度梦回故里，神游钱塘的山水。

"给我一年的时间，我要游遍家乡的美景。"高濂暗自下定决心，他绝不会再给自己的余生留下任何遗憾。

接下来的一段时间，只要天公作美，高濂就会独自一人或邀三两个好友去游历一番，徜徉于钱塘的山水之间。

那一日，春风和煦，阳光明媚，高濂便和几位好友相约去八卦田游玩。

八卦田位于西湖东南侧玉皇山南麓，据说曾是南宋皇家籍田的遗址（一说为吴越国郊坛遗址）。籍田是古代中国以农为本的农耕文化缩影，当年宋高宗赵构下令开辟籍田，并于每年春耕开犁时，率文武百官到此举行隆重的仪式，以表示对农事的尊重，对丰收的祈祷。

八卦田占地面积广阔，如果置身其中，无异于管中窥豹，只可见一斑，而无法看清它的全貌。因此，最好的观赏位置，便是登上玉皇山，向下俯瞰。

一行人沿着蜿蜒小路，一路往上攀登，不一会儿便到了山顶。放眼向下望去，这八卦田的美景便尽收眼底了。

只见那八卦田的中心为圆形，是一个呈阴阳太极图形的土丘，圆圈外是整整齐齐的八只角，把田分成八丘，再外围则有一条水系环绕，整块田呈八卦形，土丘、田塍、水沟排列整齐，错落有致。

自明朝开始，八卦田开始作为良田由附近居民耕作，太极圈内种植龙井茶、桂花树等常绿植物，其他八个区域不再如以往那样被分种上不同的庄稼，当季则是被清一色地种植上了油菜。

大地如画八卦田

此时，正值油菜花怒放之时。放眼望去，那田地里孕育着一片金黄色的花海，把这八卦田装扮得如同黄金城一般，风吹过，如金色的波浪，随风起伏。那外围水面波光潋滟，光影摇曳，让人如置身梦中，不由得心荡神驰，浮想联翩。

好一会儿，高濂才回过神来，赶忙乘着兴致，记录下这亮丽绝美的一幕：

> 宋之籍田，以八卦爻画沟，塍布成象，迄今犹然。春时，菜花丛开，自天真高岭遥望，黄金作埒，碧玉为畦，江波摇动，恍自《河洛图》中，分布阴阳爻象，海天空阔，极目杳然，更多象外意念。（《八卦田看菜花》）

日暮时分，大家结伴下山，一位友人说道："'东南形胜，三吴都会，钱塘自古繁华。烟柳画桥，风帘翠幕，参差十万人家……'柳永的这首《望海潮》，将钱塘的繁华、富庶和美丽描绘得淋漓尽致。我们刚才欣赏的美景，只不过是我钱塘众多美景中的沧海一粟而已。"

高濂听了，若有所思。

过了会儿，他说道："我要将我们钱塘一年四季的美景和人们的闲情逸致——记录下来，供今世欣赏，供后世回味……"

不久以后，一部《四时幽赏录》问世了。它以四季景色的流转为主线，生动记录了杭州人一年四季四十八件所谓的"闲事"：

春时幽赏：孤山月下看梅花，八卦田看菜花，虎跑

満家衖賞桂花

桂花最盛處惟南山龍井為多而地名滿家衖者其林若
墉若櫛一村以市花為業各省取給於此秋時束墅入山
看花徑數里不便闌入輒入徑珠英璚樹香滿空山快
賞幽憇入靈乾為金粟世界軋龍井泌水黄茶更得
僧厨山蔬野蔌作供對憇文大嚼令人五內芳頹歸攜
數枝作勞頸伴渡心清神逆雖夢中之我尚在花境舊
聞偃桂生目月中畢否若向花根廣寒忘憑雲梯天路
可折何為常破平地竊去疑哉

蘇堤肴桃花

六橋桃花人爭艷賞其實未盡得也若桃花妙觀其
趣在曉且一在曉煙初破霞彩影紅微露輕勻風姿潘酒若美人
初此嬌倦新粧且二月朝日浮花影籠嵩霧色態嬌然凡客芳潤充美
人步月牛發曲浣其三夕陽在山狂彩花艷醺酣春力侠嫵媚不膩若美
人微酔風度麿渵其四細雨花粉沾汪濕鮮堂華滋色更煙潤
若美人浴罷暖艷融酥其五高燒庭燎紅影火揚絳唇袞袞赤霞
弄色若美人晩粧容光波佝其六花重持闌殘紅零落嫩條未褪
半落半操人或浮博治席雲愁殘香隱殘紅點殘紅紛紛飄泣
詠懷使花片乱尚衾翠細推萬點狼眼席地狡哥
逐彩雲飛動幽俏此流暢非第阿幽

野間三竹 1667 年題跋本《四時幽賞錄》書影

泉试新茶，保叔塔看晓山，西溪楼啖煨笋，登东城望桑麦，三塔基看春草，初阳台望春树，山满楼观柳，苏堤看桃花，西泠桥玩落花，天然阁上看雨。

夏时幽赏：苏堤看新绿，东郊玩蚕山，三生石谈月，飞来洞避暑，压堤桥夜宿，湖心亭采莼，湖晴观水面流虹，山晚听轻雷断雨，乘露剖莲雪藕，空亭坐月鸣琴，观湖上风雨欲来，步山径野花幽鸟。

秋时幽赏：西泠桥畔醉红树，宝石山下看塔灯，满家弄赏桂花，三塔基听落雁，胜果寺月岩望月，水落（乐）洞雨后听泉，资严山下看石笋，北高峰顶观海云，策杖林园访鞠，乘舟风雨听芦，保叔塔顶观海日，六和塔夜玩风潮。

冬时幽赏：湖冻初晴远泛，雪霁策蹇寻梅，三茅山顶望江天雪霁，西溪道中玩雪，山头玩赏茗花，登眺天目绝顶，山居听人说书，扫雪烹茶玩画，雪夜煨芋谈禅，山窗听雪敲竹，除夕登吴山看松盆，雪后镇海楼观晚炊。

《四时幽赏录》文笔清新，质朴率真，却又雅趣横生，充分展现了高濂对家乡杭州的热爱和独特的审美情趣，也显示出他高深的语言艺术。几十年后，这部著作漂洋过海，受到了推崇汉文化的日本人的喜爱，目前尚有野间三竹 1667 年跋的彩绘本存世。

跨虹藏书

春日的苏堤，迎来了一个特殊的客人——高濂，一个热爱杭州、热爱西湖，也热爱自然、热爱生活，更热爱读书、热爱藏书，有着深厚情怀和生活情趣的风雅之人。

苏堤，又称苏公堤，是一条贯穿西湖南北的长堤。它是北宋文学家苏轼任杭州知州时，利用疏浚西湖挖出的淤泥构筑并历经后世演变而形成的。

这天，天空中下着细雨，高濂撑着油纸伞，独自走在这苏堤之上，品味着这独特的风韵。"昔我往矣，杨柳依依。今我来思，雨雪霏霏"，这便是对此景最真实的写照。

高濂沿着苏堤由南向北，依次翻越六座古朴美观的单孔石拱桥，湖山胜景如画卷般展开，带来万种风情。只见远方云雾缭绕，山色空蒙，湖面笼罩在一片烟雾之中，如人间仙境。近处柳树垂下的枝条，已从前几日的鹅黄变成了浅绿色，轻盈地挂在空中，随风摇摆，如烟如雾，似有非有，让人心动不已。

高濂不禁沉醉其中，吟道："花柳撩人，鹅黄鸭绿，一月二色，长行万枝，烟霭霏霏，掩映衣袂。有素心者，携壶独往。"（《遵生八笺·四时调摄笺·苏堤观柳》）

行至最北端的跨虹桥，高濂仍然是意犹未尽，流连忘返。他突发奇想：我何不在此建藏书楼？既可在此人间仙境藏书阅读，更可在游览之余驻足，倚栏玩堤，那该是人生多大的美事啊！

不久，跨虹桥下东向数步，几间藏书楼便拔地而起，高濂为其取名"山满楼""妙赏楼"。从此，高濂对经书子史、百家九流、诗文传记、稗野杂史等古书的搜集和网罗，更是一发不可收拾。

因所藏书籍很多，高濂得以博览古今。他于万历十九年（1591）刊刻了《遵生八笺》十九卷，涉及山川逸游、花鸟虫鱼、琴乐书画、笔墨纸砚、文物鉴赏、养生保健等，成为总结中国历代以来日常生活体验的集大成著作。

一日，高濂正在妙赏楼阅读古籍，一好友兴冲冲赶来，刚一进门便兴奋地大叫："深甫兄深甫兄，我刚在一书摊上淘了一册书，您帮着看看是不是宋版的古籍？"

高濂放下手中的书籍，说道："原来是贤弟啊，什么风把你给吹来了？"

"我是无事不登三宝殿啊！当今书商这伪造古籍的方法是层出不穷、五花八门，一不小心便会着了道，买到赝品。深甫兄在《遵生八笺》中谈及鉴别古籍版本，特别是鉴别宋版图书的方法，论述十分深刻精湛，所以我特意前来讨教！"

高濂道："现如今，家境清贫的人因为缺乏资金而无法积聚好的书籍，而许多家境富裕的人又不喜欢看书，像你这样家境富裕又是爱书惜书的，还真是难得啊！"高濂说完，伸手接过了朋友递过来的书。

高濂将书小心翼翼地拿在手里，先仔细查看了封面和封底，再翻开书，查看了扉页和正文，最后看了看一侧的装订线，经过一番端详后，才放下手中的书，抬起头望着内心已是七上八下的好友。

"这书……你没有花很多银两吧？"

"那倒是没有，深甫兄但说无妨。"

高濂点了点头："当今书商造假的方法，无外乎利用材质和做旧两大方法，有的手法甚是精妙，收藏家当具真眼分辨才是。这材质，就是将新刻模宋版书誊抄于黄厚宝竹纸、川中茧纸、糊褙方帘绵纸、孩儿白鹿纸等纸张上，筒卷用槌细细敲过，以墨浸去臭味印成。"

"那做旧呢？又是如何做法？"

高濂接着说："做旧，就是刻意做出破损痕迹，或者故意湿霉三五张，破碎重补，或者用砂石磨去一角，或者做一二缺痕，用灯火烧去纸尾，或者用草烟熏黄，模仿古人残伤的旧迹，或者放在蛀米柜中做出蛀孔，手法门道众多。这书，有明显做旧的痕迹，应该不是宋版古籍。"

"听深甫兄一言，真是让我如醍醐灌顶啊！看来，我这次又上当了，以后真该好好向深甫兄学习才是啊！"

"不过嘛，贤弟也不必太过失望！我看你这次购得的书，虽然没有太多收藏价值，但是此书内容新异，阅读价值还是有的。有些人买书仅仅为了附庸风雅，买了以后便将它束之高阁，积灰纳垢。而我以为，真正的读书人，不应该去计较书册卷帙品相是否美观，而是要把其内容作为首要选择。我认为藏书读书，最终的落脚点，都是为了看书，通过看书，来吸取古人之思想精髓，产生思想的碰撞和共鸣。这才是藏书最重要的意义所在，也是藏书人真正的乐趣所在。"

如今，虽然这跨虹桥仍矗立在苏堤北端，但这山满楼、妙赏楼早已不复存在，可高濂藏书、识书、爱书的故事，一直影响着杭州世世代代读书人。

喜剧大师

那一日，高濂和几位好友一起在妙赏楼饮酒。

觥筹交错之际，高濂突发雅兴，情不自禁地于席间高歌一曲，为众好友助兴。高濂本就精通音律，又善辞令，唱起曲来，张弛有度，抑扬顿挫，引得众人交口称赞。

一群人在一起，免不了天南地北、海阔天空地闲聊。一位好友对高濂说："深甫兄，你辞官回乡以来，领略了钱塘的四季美景和钱塘人的闲情逸致，写了《四时幽赏录》。还建了这妙赏楼，广罗天下好书。你多才多艺，有没有想过戏曲剧本的创作呢？"

高濂笑道："愚兄正有此意。不知老友可有好的题材推荐？"

另一位友人说："深甫兄可看过《古今女史》？上面记载：宋女贞观尼陈妙常，姿色出众，诗文俊雅，张于湖授临江令，宿观中。见妙常，以词调之，妙常亦以词拒之。后妙常与于湖故人潘法成私通情洽。潘密告于湖，以计断为夫妇。此故事甚好，是否可以考虑改写成剧本？"

高濂答道："南宋书生潘法成和道姑陈妙常的爱情故事，在街头坊间早有流传，根据这个故事改编的小说和戏剧也是屡见不鲜，但大都立意较为庸俗。就像《张于湖误宿女贞观》这部杂剧，往往是从'尼姑思凡'的角度，把两人的结合作为才子佳人的风流韵事来描写罢了。"

几位好友中，大都是看过有关题材的小说或者戏剧的，听高濂这么一说，都觉深有同感，点头表示赞同。

"说起来，这潘法成还和咱们钱塘有些渊源呢。正是因为他在临安考取了功名，改变了自己的命运。我如果要写这出戏，必须独辟蹊径，从更高的立意和更独特的视角来写，才能成为旷世之作。"

既然跃跃欲试，不如立即行动。第二天，高濂就闭门谢客，开始剧本创作。

他先是仔细阅读了《古今女史》中有关的章节，又和有关的剧本进行了比较，努力寻找创作的灵感和突破口。

经过几天的冥思苦想，高濂认为，要想作品不落入俗套，必须彻底改变以往剧本"尼姑思凡"的常规思路。陈妙常不光是尼姑，更是一名少女，她年轻貌美，智慧聪颖。从她拒绝张于湖的撩拨看，她也绝非滥情之人。这样一名优秀的女子，在遇到才貌过人、玉树临风的潘法成后，情窦初开，一见倾心，大胆地追求本该属于自己的爱情，何错之有？再看潘法成，他虽风流倜傥，却用情专一，甚至在金榜题名后，仍对心爱之人不离不弃，这难道不正是此人物的闪光点吗？

思虑再三，一个大胆的想法日臻成熟：剧本就以陈妙常敢于冲破传统礼教和宗教清规戒律束缚、追求美好爱情为主线，写出两人真挚的情感，写出两人纯洁的爱情，展现崭新的内涵和意义。

不久，高濂的这部《玉簪记》便问世了。全剧共分三十四出，情节简单而生动，语言朴实而优美。高濂以潘法成赴京城赶考两人不得已分别时的定情信物玉簪为剧名，不仅有画龙点睛之意，也是两人忠贞不渝爱情的象征。

又过了几日，高濂"出关"，约了几位好友到妙赏楼。高濂取出剧本，微笑着递给了一众好友。好友们争相传阅，看完后，无不拍手称赞。

一个好友说："深甫兄的这部大作，不仅立意新颖，焕然一新，而且文笔优美，情感质朴。"

另一好友接过话说："何止如此，书中陈妙常为追求爱情不畏艰难的一系列举动和最后的成功，充满了浓厚的喜剧色彩，比以往那种'为情而死，为情而生'的悲剧写法，具有更加深刻的现实意义。"

高濂听了，拱手说道："我只是觉得，父母之命，媒妁之言，是婚姻的一种形式。但是敢于大胆追求，也不失为实现爱情的有效途径。"

另一位好友说道："大家都在称道深甫兄此作的独特立意，我要说的是他的人物刻画和剧情展现。该剧对主要人物的刻画，清新自然，毫无雕琢、堆砌之感。特别是从第十六出《弦里传情》开始，展开了主要人物的矛盾冲突，细腻地刻画了两人的恋爱心理。并且通过'一哀一喜，一喜一哀'环环相扣的情节对比，推出一个又一个令人沉思、令人愉悦的喜剧场景，让人忍俊不禁，具有非常强烈的喜剧效果，堪称喜剧的上乘之作。"

高濂听了再次表示感谢："感谢大家的厚爱！此番创作，灵感来自大家，来来来，我请大家喝酒！"于是，众人免不了又是一番豪饮。此后不久，高濂又趁热打铁，创作了他的另一部作品《节孝记》。

《玉簪记》问世后不久，在大江南北广为流传，成为脍炙人口的作品。该剧本在明清两代多次刊印，到了当代，还被评为"中国古典十大喜剧"之一。

参考文献

1. 〔明〕高濂：《四时幽赏录》，《武林掌故丛编》本。

2. 李玉安、黄正雨：《中国藏书家通典》，中国国际文化出版社，2005 年。

3. 马紫晨主编：《戏曲知识 300 问》，河南文艺出版社，2015 年。

4. 裴仁君编：《中国古代戏剧名著》，首都师范大学出版社，1994 年。

5. 聂石樵：《聂石樵文集》，中华书局，2015 年。

6. 吴茹芝编：《中国十大喜剧故事》，三秦出版社，2008 年。

7. 李修生、赵义山主编：《中国分体文学史（戏曲卷）》（第 3 版），上海古籍出版社，2014 年。

8. 董建文、曹明海主编：《中国十大古典喜剧白话故事》，济南出版社，2003 年。

可怜一夜《长生殿》

洪昇（1645—1704），字昉思，号稗畦，又号稗村、南屏樵者，钱塘（今浙江杭州）人。清代戏曲作家，与《桃花扇》作者孔尚任并称"南洪北孔"。

洪昇生于世宦之家，历经二十年科举不第，白衣终身。著有诗集《稗畦集》《啸月楼集》，杂剧《四婵娟》，传奇《长生殿》《回文锦》《回龙记》等。戏曲现仅存《长生殿》和《四婵娟》两种。

观潮明志

清顺治二年（1645），钱塘一位名门望族的小公子，出生在全家逃难的路上。本该锦衣玉食的他，却在颠沛流离之后于满月时才得以回到家中，这仿佛预示着他的一生，绝不会平坦。

这个孩子，便是洪昇。

谁也不曾料到，这个孩子将来会成为洪氏家族在清代成就最高的一位，他的声名甚至超过了他官至文华殿大学士兼吏部尚书的外祖父黄机。

一晃二十多年过去了。那一年的八月，刚过晌午时分，钱塘门外钱塘江边，已是车水马龙，人头攒动，而这些人，皆为"浙江秋涛"而来。这"浙江秋涛"，就是闻名海内外的钱塘江潮涌胜景，尤以农历八月十八为甚，故有"八月十八潮，壮观天下无"的美名。这观潮之风，始于汉魏，盛于唐宋，历时两千余年，已成为当地的一大习俗。

人群之中，有两位青年器宇轩昂、气度非凡，格外引人注目，他们正是洪昇和他的好友吴仪一。两人一边远眺前方，等候着潮水来临，一边交谈着。

"你我都已过了弱冠之年，不知昉思兄对将来有何打算？"吴仪一问道。

"读书人读书，不就是为了考取功名，报效国家吗？我准备去京城国子监，希望能有机会谋取功名。不知璪符兄又有何打算？"

吴仪一回答道："昉思兄家境优越，自小便受到了良好的教育，善写骈体文的陆拒石（繁弨）、精通音律

〔清〕《雍正西湖志》中的《浙江秋涛图》

的毛稚黄（先舒）都是你的老师。你自幼便学习刻苦，酷爱读书，家中又藏书众多，有'学海'之称，十五岁就已出名，现已创作了许多诗文词曲，受到人们交口称赞。以昉思兄的才华，谋取功名自然不在话下。"

吴仪一看了一眼洪昇，话锋一转，接着说："但是，我们作为前明旧臣，该感念前朝的恩情，暂不入仕为好。"

听了吴仪一的这番话，洪昇略作沉思，回答道："吴兄所言，虽有一定道理。但我以为，历史的进程如这钱塘江大潮一般，势不可挡。俗话说：'识时务者为俊杰。'我们也当面对现实，顺应时势才是。更何况，当今社会政治清明，朝廷正是用人之际，我们作为一介书生，也该有报国之志才是。"

话音刚落，只听得一片人声鼎沸："潮来了！潮来了！"人们争先恐后地涌上前，转头向钱塘江出海口方向望去。

眺望远方，只见远处江面上已然出现一个细小的白点，不一会儿，白点变成了一缕银线，进而又变成了一条银链，耳边顿时传来一阵阵闷雷般的潮水声。潮汐形成的汹涌浪涛，被这钱塘江特有的喇叭口地形收缩着、挤压着，后浪赶前浪，层层叠叠，犹如万马奔腾一般呼啸而来。鸣声如雷，喷珠溅玉，人们甚至来不及反应，海潮便已在人前掀起了几米甚至十几米的巨浪，形成了"滔天浊浪排空来，翻江倒海山可摧"的宏大之势。

瞬间，人群中发出一阵阵惊呼，一些人不及闪躲，被潮水喷溅，浑身上下，衣衫尽湿，旁人则将其当做了一道风景，发出欢快的笑声。

潮水来得快，消退得也快，不一会儿，便消散得无影无踪。只有三三两两的人群，还意犹未尽地回味着方才的盛况。

洪昇看了看被潮水打湿的堤岸，意味深长地对吴仪一说道："我等不求名垂青史，但总该为百姓做点什么，就像这潮水，总该给自己的人生留下些印记吧。"

然而，命运往往带有很大的戏剧性。踌躇满志的洪昇到了京城，开始了求仕之路，却在仕途上毫无建树。但是，二十年科举不第，白衣终身，反而让他有时间钻研戏曲创作，成为一代宗师。

天伦之变

洪昇在京城的国子监学习时，本想靠这次机会获取功名，求得一官半职，好施展自己的才华和抱负。怎奈一年过去了，洪昇并没有得到任何机会。心灰意冷的他，决定回到自己的家乡钱塘。

洪昇上了备好的马车，看着车里的妻子，一脸的愧疚。洪昇没有取得功名，夫人黄兰次没有丝毫的抱怨，一直默默陪伴在他身边，这使洪昇愧疚之余，对夫人多了几分感激和敬重。

黄兰次，与洪昇"同年同月同日"生。她的祖父黄机是当朝文华殿大学士，位高权重，她父亲是个进士，曾为庶吉士。因此，黄兰次在少女时代受过良好教育，工诗善画，通晓音律，但因自幼丧母，父亲又英年早逝，生活并不幸福。洪昇的母亲是黄兰次的姑母，洪昇与黄兰次是表兄妹，青梅竹马，两小无猜。二十岁那年，经黄机同意，他们喜结"金玉良缘"，亲上加亲。为此，友人还作了一首《同生曲》祝贺。

洪家是江南望族，始祖为宋朝出使金国的洪皓，因功受到朝廷的嘉奖，封魏国公，赐国公府第于钱塘葛岭。洪皓有三个儿子：洪适、洪遵、洪迈，称"三洪学士"，都在朝廷为官，执掌中书省和枢密院"东西二府"。洪适所著《隶释》、洪遵所著《泉志》、洪迈所著《容斋随笔》，都是中国文化史上的重要著作。

明朝是洪家第二个辉煌时代。洪昇的六世祖洪钟以军功起家，官至刑部尚书、太子太保；五世祖洪澄、洪涛，也都身居要职；高祖洪椿、曾祖洪瞻祖，两代任都察院右都御史。洪昇的父亲洪起鲛，清初曾在福建任职，洪家可谓百年望族。

随着明朝的灭亡，洪家的地位江河日下，但瘦死的骆驼比马大，洪昇一直衣食无忧，而且受到良好的教育，表现出过人的才智，少年时就"诗鸣钱塘"，青年时列名"西泠十子"。当时他无意功名利禄，不思仕途经济，屡受父母责罚。

洪昇有两个弟弟，大弟洪昌与洪昇同母嫡出，生母黄氏中年过世，父亲洪起鲛续娶钱氏。二弟名不详，字中令，是洪起鲛的婢妾所生。洪起鲛性格暴躁，兄弟们常常无缘无故受到严厉责罚，洪昇兄弟与继母、庶母关系十分紧张，她们是洪昇诗中的"施檄者"。

洪昇的家在"西方灵河岸上三生石畔"，这所谓的"西方灵河岸上"，当然不是说古印度，而是灵隐寺旁的灵鹫峰，又名飞来峰。相传，这飞来峰便是自古印度飞来。

此时，洪昇与妻子一路舟车劳顿，终于回到了熟悉的钱塘城，回到了这个并不温暖的家。

康熙十年（1671）秋天，洪昇回到钱塘两年后，洪家的家庭矛盾到了不可调和的地步，"火山"终于喷发了，洪昇夫妻、洪昌夫妻同时逃离了这个冰冷的家。

这就是百年望族洪家的"天伦之变"！

洪昇在诗中常以"古孝子"自称，按照舜帝"小杖则受，大杖则走"的古训，洪昇夫妻、洪昌夫妻同时逃离，是为了"避檄"，而从他在诗中用了"尹伯奇《履霜操》"的典故来看，他们应该是受到继母毒虐，无罪见斥，满腹冤屈。

逃离，便成了唯一的选择！

数易其稿

洪昇拖家带口来到江宁府武康县，没有了家庭的支持，生活变得非常拮据，有时甚至到了断炊的地步。然而，生活的窘迫并没有压垮他的意志，反而更加激发了他的创作欲望。在这段时间，他完成了《沉香亭》。

康熙十二年（1673）的一天，郁闷失落的洪昇又来到了街头的一座酒肆。

洪昇借酒消愁，举杯一饮而尽。

朋友见他心绪不佳，主动寻找话题："昉思兄，当年李白被唐玄宗赏识并重用，可他是商贾出身啊，又如何能得以入朝为官？"

洪昇看了看酒杯中自己的倒影，此时的自己，已是面红耳赤了。

"你也不用愤愤不平，当年李白偶遇贺知章老先生，两人相见恨晚，成了忘年之交。后来，贺老先生辞官归乡前，向唐玄宗举荐了李白。不过李白可不像你我，他才高八斗，只是缺个机会而已。"

人情绪低落的时候，常常会怀疑自己的能力。自从和家里的关系生变之后，从小饱读诗书的洪昇对自己的才华也开始渐渐失去了信心。

"你说得不对。就算我没有才华，但如果皇帝要重用我，我同样可以入朝为官，关键是没有人赏识我、举荐我罢了。昉思兄，要不你争点气去当个大官，也好举荐我啊。"

洪昇终于被逗乐了，这些朋友在一起，除了交流文章就是饮酒喝茶，用这种方式宽慰自己倒也算是贴心。

"不过这唐玄宗的确是爱才，我对此一直是感慨万千。我打算以李白为主角写一部戏曲。"

洪昇说完，在纸上写下了"沉香亭"三个字。

醉意绕长夜，此时的洪昇依旧解不开内心的疑团。他只有将自己灌醉，方能暂时忘记心中的郁结。

酒醒后，洪昇又看到"沉香亭"这三个字，回想起前一天的创作思路，突然文思泉涌，他马上以李白应诏在沉香亭填写清平调词为题材进行创作，不久就完成了这个戏本，而且越看越得意。

可是，戏本再得意也不能当饭吃啊。洪昇夫妻在武康生活不下去，又返回京城，卖文为生，贫困潦倒，经常处在"八口命如丝"的境地。他一直引以为傲的《沉香亭》，也遭到了友人的质疑。

"昉思兄，你的《沉香亭》写得虽好，却没有创新立意，并没有跳出前人对于此故事的俗套，也未能超过表现同一题材的其他作品。"

回头审视当年写下的《沉香亭》，连洪昇自己也觉得，这的确是早年感悟不深的作品，其构思内容和观点，确实不够新颖。

于是，他将原剧中所有关于李白的情节尽数删去，改成了李泌辅佐唐肃宗李亨中兴的故事，还将剧本的名字改成了《舞霓裳》。正是有了这份感悟，洪昇的创作开始走向成熟，所创作的其他剧本取得了巨大的成功。

当时的大街小巷，男女老少都知道有一个来自钱塘的戏剧家，他的名字叫洪昇。

祸兮福之所倚，福兮祸之所伏。正当洪昇事业有成、春风得意之时，从钱塘传来消息：父亲遭诬陷获罪，被放逐到边境，母亲也被判处同行。洪昇是个孝子，尽管他对这个家一度失望，但他的心时时惦念着钱塘的一草一木，惦念着垂垂老矣的父母，他对父母的那份孝心，天地可鉴！

一纸家书，让孤傲的洪昇跑遍所有尚有交情的王公大臣居所，四处为父亲求情。但举目无亲的京城，让洪昇心灰意冷。在一个冰冷的夜里，洪昇突然想到，即便父亲流放，母亲同行，自己作为儿子，也要陪伴他们左右。洪昇随即打点行装，轻车上路，日夜兼程赶回钱塘，打算陪着父亲母亲一同服刑。

所幸上天垂怜，一位王公大臣被洪昇的孝心所感动，奏明皇帝，皇帝感念其一片孝心，破例赦免了洪昇父亲的罪行。虽然罪行被赦免了，但是洪家在钱塘的所有产业都已散尽，赡养父母亲的重任自然而然地落在了洪昇的肩上。

"败芦寒雨断矶边，梦醒孤舟泪泫然。堂上二人年六十，旅中八口路三千。谋艰桂玉羞逢世，心怯风波且任天。扰扰半生南又北，未知归计定何年。"在此后的许多年里，洪昇经常奔走于京城与钱塘之间，只要得空就会返乡去看望父母。这样奔波劳累的生活，让洪昇身心俱疲。

在《感怀》中，他反复写道："妻子长安亲旧国，年年北往复南征。"此后，又创作了《扬州客舍夜雨》，写下了"北往南归两行泪，谁能分寄大江流"的绝句。

虽然经历了"天伦之变"，但洪昇并不计较，为尽孝道，他依然两地奔波着……

康熙二十七年（1688），洪昇对历代君王妃嫔成群的现象有所感悟，他认为历朝历代的君王大多是妻妾成群，极少用情专一的，然而李隆基却独宠杨贵妃，实在是极为罕见。

一次，洪昇和一位好友闲聊起这个话题来。

"贤弟，你说唐玄宗当年竟然可以对一个女人如此迷恋，始终没有背信弃义，是否十分难得？"

友人看了看洪昇："虽然可以算得上是专一，但他在马嵬坡因部下兵谏而赐死了杨贵妃，这算是违背了他们当初在长生殿立下的誓言。"

这一句话如醍醐灌顶，点醒了洪昇。一直以来，洪昇只是看到了李隆基专情的一面，认为他赐死杨贵妃实属无奈之举。可细细品味，终究是李隆基违背了他们当初的誓言。从这个意义上来说，杨贵妃虽然博得了皇上的宠爱，却被自己深爱的人辜负，这是她一生之中最大的不幸。

唐代之后，李隆基与杨贵妃的传说风靡一时，很多文人墨客都以自己的理解方式，讲述和演绎这段历史。洪昇也以自己独特的视角和理解，演绎他们之间的爱情，并将《舞霓裳》改成了《长生殿》。

而灵感，恰恰来自他与妻子黄兰次的爱情故事。

婚后蜜月期间，洪昇曾作了四首《七夕闺中》，其中有一首这样写道："忆昔同衾未有期，逢秋愁说渡河时。从今闺阁长携手，翻笑双星惯别离。"

婚前，这对青梅竹马的表兄妹常在秋日的乞巧节之夜，在星空下相拥而坐，对着天上的牛郎织女"双星"，讲述他们的"渡河"故事，"愁说"彼此的思念，并立下海誓山盟，憧憬着共饮交杯酒的美好生活。而当他们"闺阁长携手"时，又"翻笑双星惯别离"了。

"在天愿为比翼鸟，在地愿为连理枝。"古往今来，有多少相爱男女曾经立下这样的山盟海誓？洪昇与黄蕙有过，李隆基与杨贵妃有过，天下有情人是多么相似！

《长生殿》的上卷从李隆基与杨贵妃的定情时刻写到了七夕之夜，以及两个人在长生殿上的盟誓："在天愿为比翼鸟，在地愿为连理枝。"展现了唐明皇对杨贵妃的宠爱与深情。到了下卷，安禄山带领叛军杀进长安城，李隆基带着杨贵妃出逃，走到马嵬坡的时候，为了稳定群情激愤的将士情绪，李隆基最终选择赐死杨贵妃。

与其他著作不同的是，别的著作要么在此时批判李隆基背信弃义，要么对李隆基为天下而舍私情的无奈和委屈表示同情，而洪昇却独辟蹊径，在结尾部分描写了李隆基对杨贵妃深深的追思，并让他们得以在天宫重聚。

"贤弟，这一次你看看如何？"

年逾四十的洪昇脸上增添了不少皱纹，他将精心创作的作品又一次递到了友人的手中。

友人仔细看完，不禁拍手叫好。"昉思兄，你可真有办法，前半部分实写，后半部分虚写，虚虚实实，既现实又浪漫。"

"谢谢贤弟夸奖，创作一部传世佳作是我一生的梦想，我想这部《长生殿》，或许便是我想要的。"

洪昇带着几分得意之色，独自斟了一杯酒饮下。

"不错，你虽然对李隆基宠溺杨玉环而导致朝政荒废进而致国家衰败的行为表示了批判，但又表达了对两人深深的同情，这两种观点在作品中完美交融，洪兄你是史无前例的第一人。最后在天宫的团聚，更是写出了杨玉环对李隆基的谅解。"

友人意犹未尽地看了看洪昇，接着说道："你把李隆基在杨玉环死后的一片痴情，通过触及灵魂深处的描写，和时而悔恨、时而追思的外在表现，进行了深刻的刻画，真可谓用心良苦啊！"

洪昇对着一江春水，想起自己的前半生，微微一笑。"我想，彼此相爱的人之间，没有什么是不可以原谅的，他们又为何不能有一个圆满的结局呢？"

至此，这部不朽的巨作——《长生殿》，作为洪昇最优秀的代表作，从第一稿《沉香亭》算起，先后历时十五年，数易其稿，终于书成。

一波三折

"昉思先生，我们觉得这本《长生殿》堪称戏剧的经典之作，如不能搬上舞台公开演出，供大家欣赏，无疑是极大的遗憾。"看了剧本后，戏班的演员们显得很兴奋，他们向洪昇建议把这部戏搬上舞台。

洪昇经过慎重考虑，同意了演员们的要求。他召集戏班子在自己家中演出《长生殿》。城中很多名人都慕名而来，品戏茗茶，爱文者喜其词，知音者赏其律。可不幸的是，当时正值皇后国丧，又适逢朝廷南北党派斗争激烈之时，而洪昇又与南党中的重要人物高士奇有着密切的关系，加之《长生殿》所写内容本就包含了亡国之恨，在明清易代的时候，不得不说是一个极为敏感的话题。

欲加之罪，何患无辞？根据以上的诸多理由，北党抓住机会，狠狠地在皇帝面前参了一本，将洪昇上演《长生殿》的行为归为"大不敬"之列。

〔清〕洪昇《长生殿》书影

　　洪昇不仅获罪入狱，还被革去了国子监监生功名，那些在洪昇家中看戏的名人和官员，也多多少少受到了牵连。真可谓是"可怜一夜长生殿，断送功名到白头"。

　　遭遇这样一场大变故后，从监牢中释放的洪昇，已经没有办法在京城立足，不得已于康熙三十年（1691）返回故乡。

　　回到钱塘的洪昇，日子过得愈加艰辛，但他并没有消沉，而是疏狂如故，纵情游历于钱塘各地，赏西湖美景，游名山大川，写诗填词作曲。

　　事实上，洪昇在创作完成《沉香亭》后，就因向往李白邂逅贺知章的奇遇，加之从小就有崇尚江南秀丽山水的情结，曾多次打算舍弃一切，游历大江南北。可是每每决定动身之时，都因有所牵挂而不得成行。此次，他又岂肯错过这个实现夙愿的难得好机会？

　　洪昇一方面渴望得到别人的欣赏和举荐，但另一方面又始终保持着他的那一份狂傲和耿直，所以一些赏识他文章或作品的人，经常会因他桀骜不羁的性格而疏远他。纵是如此，他的秉性却始终未改，打从心里蔑视那些不择手段追求功名利禄的人。

"逃却高名远俗尘，披裘泽畔独垂纶。千秋一个刘文叔，记得微时有故人。""君问西泠陆讲山，飘然一钵竟忘还。乘云或化孤飞鹤，来往天台雁荡间。"在游历桐庐严子陵钓台和西泠后，洪昇写的这两首诗，是他仰慕清流、不愿奉承权贵的真实写照。

康熙四十三年（1704），随着朝廷对此事的既往不咎，江南提督张云翼邀请已经六十岁的洪昇去松江，将其奉为上宾，并召集宾客，为洪昇上演了《长生殿》。随后，江宁织造曹寅也在南京举行了盛大的宴会，将洪昇奉为上宾，邀请最好的戏班在宴会上演出《长生殿》。

天下没有不散的筵席。演出结束后，洪昇乘船回家乡，途经乌镇时因醉酒不慎跌入河中，溺水身亡。

洪昇把圆满留给了他一生所钟爱的戏剧，却把人们深深的惋惜和遗憾留给了自己。

参考文献

1.〔清〕洪昇：《长生殿》，《暖红室汇刻传奇》本。

2.王丽梅：《洪昇研究》，厦门大学博士后学位论文，2007年。

3.陈周棠校补：《洪氏宗谱》，浙江人民出版社，1982年。

照耀诗坛的一盏"孤灯"

厉鹗（1692—1752），字太鸿，又字雄飞，号樊榭，钱塘（今浙江杭州）人。清代诗人、学者。

厉鹗长于写诗，特别是五言诗。他在词方面亦有极高的造诣，为浙西词派中期的代表。著有《樊榭山房集》《宋诗纪事》《辽史拾遗》《东城杂记》《南宋杂事诗》等。其中《南宋杂事诗》采诸书为之注，征引浩博，为考史事者所重；《东城杂记》，主要记述杭州城东诸多掌故。

夜访灵隐

　　钱塘城外，茅家埠头。已是深秋时分，天色渐渐暗了下来。只见一叶轻舟从城内水道缓缓而来，船身轻轻划开水面，岸边的水草顿时随波摇摆起来。

　　一位长相清癯的蓝衫男子立在船头，环顾四周，微风吹拂他的衣襟，他却浑然不觉，仿佛沉醉在这美景之中。直到艄公轻点竹篙，小船轻轻停靠在了码头，那男子方才回过神来。他谢过了艄公，从船上一跃而下，沿着石径小道，向灵隐寺踽踽而行。

伴着深秋的<u>丝丝寒意</u>，他缓缓而行，一轮明月已挂在山顶。

不知不觉间，题有"咫尺西天"四个大字的照壁已近在眼前，再蜿蜒而上，刻有"灵隐寺"三字的寺门便巍然矗立。那蓝衫男子循着庙门向内望去，只见寺内古木参天，大雄宝殿庄严肃穆，再看那一边僧寮灯影幢幢，隐约间传来诵经之声，伴随着木鱼阵阵，愈发显出佛门净地的神秘和静谧。

蓝衫男子见此情景，若有所思，禁不住诗兴大发，不假思索地脱口而出："夜寒香界白，涧曲寺门通。月在众峰顶，泉流乱叶中。一灯群动息，孤磬四天空。归路畏逢虎，况闻岩下风。"（《灵隐寺月夜》）

话音刚落，只听一人在不远处拍手叫好："好诗，好诗！太鸿兄夜间到访，好兴致啊！"

这蓝衫男子不是别人，正是厉鹗。此次到灵隐寺，是来探访寺中相识的僧人老友，而这首诗，便是有感于沿途风景和寺中景致所作。

厉鹗循声望去，只见那不远处站着的，正是他要探访的老友。赶忙深深鞠躬，作了一个揖："随性而为，即兴而作，让大师见笑了！"

只见那僧人几步赶上前来，拉着厉鹗的手道："来得正好，我刚沏了一壶上好的龙井，我们一起品鉴品鉴。"

厉鹗笑道："恭敬不如从命！"

两人坐定，那僧人为厉鹗倒上了一杯茶。厉鹗也不

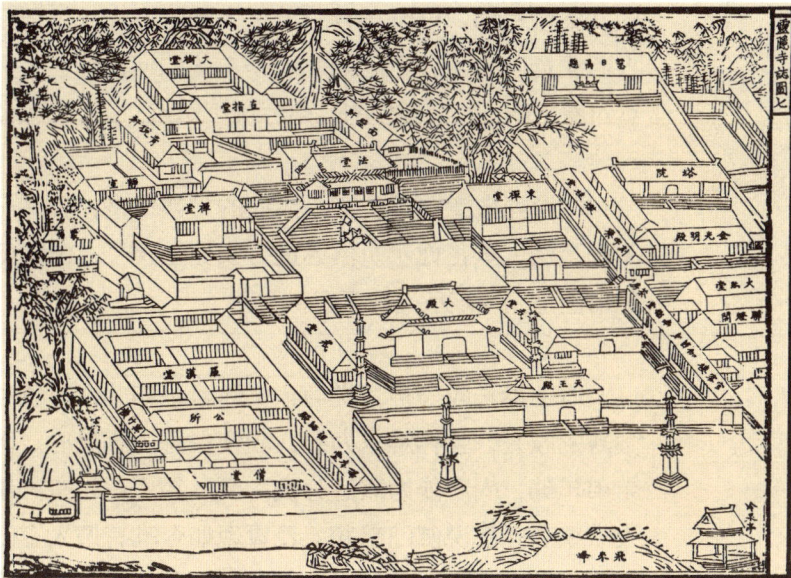

〔清〕孙治初、徐增《武林灵隐寺志》中的《灵隐寺志图》

客气，端起茶杯，茶还没有入口，一股清香便扑面而来，不禁连声赞道："深秋时分，居然还能喝到如此色香味俱佳的龙井，真是人生一大幸事啊！"

两人相视而笑。

厉鹗看着眼前身着袈裟的老友，若有所思地说："您是否知道，我在年少时，也差点和您一样皈依佛门，但我六根不净，佛缘太浅，终究与佛擦肩而过。"

那僧人诧异地问道："从未听太鸿兄说起过此事，愿闻其详。"

厉鹗沉默了片刻。此时此刻，这寺庙、僧侣和孤灯，令他不由自主地想起了自己年少时的情景……

"我们本世居慈溪，后迁居钱塘，家境甚是贫寒。父亲又离世较早，母亲与我兄弟三人相依为命，仅凭我一人贩卖烟叶为生，生活如此艰辛，该如何是好？"厉士泰对着母亲、衣衫褴褛的二弟厉鹗和幼弟，长吁短叹道。

母亲无奈道："士泰，你们的父亲早丧，我又一直体弱多病，辛苦你了。俗话说'长兄为父'，照顾两个弟弟也是你应该承担的责任。"

厉士泰长叹一声，说道："话虽是如此，但仅凭我微薄的收入，生存难以为继，我实在是力不从心。两个弟弟年幼，尚不能为家庭分忧。我几经思量，有一事与大家相商。都说佛门慈悲，我看现如今唯有遁入空门才能确保衣食无忧。二弟天资聪颖，又酷爱读书，能否将其送往寺庙出家，做一个潜心修行的和尚，一来能减轻家中用度开销，二来也无须为其成家娶妻烦忧，不知大家意下如何？"

"这……"未及厉母搭话，厉鹗便大声说道："我宁愿自食其力，也不愿皈依佛门！生活虽是艰辛，但我自幼对学问却是孜孜以求。见世家子弟从小就登堂入室，识文断字，私塾之声不绝于耳，我每每路过学堂，总是羡慕不已。为此，我还曾偷偷捡拾他们丢弃的书籍，回到家中阅读。我还想着，将来能参加乡试，考取功名，光宗耀祖！现如今你们要将我送入空门，我自是心不甘情不愿。如母兄执意如此，我宁愿放弃读书，自谋生计，还望母亲大人与兄长三思！"

厉士泰见厉鹗态度如此坚决，顿时沉默不语。厉母见状，叹了一口气，说道："士泰，你二弟出家之事，不能强求，他态度如此决绝，你就不要再勉强他了。这件事就这样吧，以后都不要再提了。"随后，她又转头对厉鹗说："从今往后，你也要有工出工，有力出力，尽可能帮助你兄长维持家庭生计。"

至此，这件事才告一段落。

那僧人听厉鹗这么一说，才恍然大悟："我只听说太鸿年少时就酷爱读书，博览群书，广泛涉猎，有传言竟然到了'于书无所不窥'的境地。读书数年以后，便开始学着作诗，能将'所得皆用之于诗'。年少时，就已经偶有佳句，如今更是诗词皆长。如果当日不是你自己据理力争，世间便少了一名优秀诗人，方外便多了一位得道高僧了。"

厉鹗双手抱拳："过奖了，过奖了。不过这件事以后，我怕家兄旧事重提，于是一边自力更生，一边更加发奋读书，学业自然也是日益精进。"

次日一早，厉鹗告别老友，离寺而去之际，回望灵隐寺，心中暗想："如果没有当初的坚持，而是选择遁入空门做一个六根不净的沙弥，既不能静心研习佛法，又不甘心孤灯相伴终了一生，更不能纵情两浙青山秀水吟诗赋词，那样的话，岂不是抱憾终身了？"

纵情桐江

秋夜的桐江（今富春江桐庐河段），景色分外迷人。

厉鹗正与金农、周京、符曾等几位友人乘船顺流而下，大家一边饮酒，一边欣赏这沿途的美景。不知不觉中，船已行至七里滩。钱塘的秋日，月朗星稀，银色的月光从天空中洒下来，映照得江面波光粼粼，将这桐江变成了银河一般。再看两边江岸，高峰林立，怪石嶙峋，寂静的林中雾霾升起，船帆的影子摇晃在一江绿水之中。

桐江夜

厉鹗见此美景，情不自禁地吟唱了起来："秋光今夜，向桐江，为写当年高躅。风露皆非人世有，自坐船头吹竹。万籁生山，一星在水，鹤梦疑重续。挐音遥去，西岩渔父初宿。　心忆汐社沉埋，清狂不见，使我形容独。寂寂冷萤三四点，穿破前湾茅屋。林净藏烟，峰危限月，帆影摇空绿。随风飘荡，白云还卧深谷。"（《百字令》）

金农不禁赞叹道："太鸿兄这首词旋律优美，意境悠长，不仅写景细致入微，更难得的是寄情山水，借景抒情。词中不仅追忆了严子陵先生在此隐居垂钓的足迹，更是缅怀了谢翱忠君爱国之气节和狂放不羁之个性。"

厉鹗听后点点头，说道："知我者好友也……想那严子陵先生才高八斗，且为东汉光武帝刘秀的好友和同学，却多次拒绝光武入朝为官的邀请，甘于隐姓埋名，归隐富春山耕读垂钓，终老一生。这种不慕富贵、不图名利的风骨，不正是我们这些文人雅士该学习和称道的么？"众人皆点头称是。

一城湖山竞风雅

HANG ZHOU

134

厉鹗接着说："岸边富春山上安葬着南宋诗人'福安三贤'之一的谢翱，他早年曾散尽家财招募乡兵追随文天祥抗元，文天祥为国捐躯之后，他登严子陵钓台设文天祥牌位于荒亭隅，以竹如意击石，歌招魂之词，并写下了许多缅怀前朝的真挚诗句，其爱国之心报国之情，同样也令人钦佩！"众人听闻又是一片赞叹。

周京说道："太鸿兄诗文幽新隽妙，刻琢研炼，清新脱俗，山水间全然一派洒脱，曾多次打动我。大家可曾记得，太鸿兄在一次酒过三巡后曾经这样说：以前有谢逸以蝴蝶为题材作诗三百多首被称'谢蝴蝶'，若是世上有人知道并且读过我的文章，难道不应该叫我一声'厉游仙'吗？"

厉鹗放声大笑："呵呵，酒后戏言，酒后戏言！"大家听闻此言，都哈哈大笑。虽已酒过三巡，几位好友也皆有醉意，但居然都还对当年厉鹗醉酒时的玩笑话记忆犹新。

"哪里是仙，我看是成魔。太鸿兄经常将自己置身于诗歌之中，几乎到了痴狂的地步。曾听闻，太鸿兄'尝曳步缓行，仰天摇首，虽在衢巷，时见吟咏之意'，市人望见遥避之，呼为'诗魔'。"周京笑着说。

众人听闻又是一阵大笑。

"太鸿兄，你曾经师从钱塘的杭可庵先生，可是有什么机缘巧合？"符曾问道。

厉鹗欣然作答："杭可庵先生是我二十许的时候，偶然间结识的。当时我正在钱塘四周游历，沉醉于这人间美景，便写下了《游仙百咏》《续游仙百咏》《再续游仙百咏》等山水诗文。没想到，这些诗文竟然无意间被杭可庵先生读到，他赞扬我的诗中有情有景，便经常邀我一起上路，一同游历，一道体会这人间最美的风景。"

微风徐来，笑声中荡漾着几分醉意，让这凡间多了几分仙境之感，与这桐江夜景很是相衬。

厉鹗接着说道："与杭可庵先生的相识，是我这辈子极大的幸运。先生不仅不嫌我的小诗粗浅，还经常点拨于我。我尊称他为先生，他却说我是尊老，说君子之间以兄弟相称最为妥帖。我便恭敬不如从命，认下这位兄长了。更令人欣慰的是，我不但与杭可庵先生以兄弟相称，还与其爱子杭世骏成了志同道合的好友。"众人听罢，羡慕至极。

厉鹗遥望这富春山水，露出了欣慰的笑容："能有这么多志同道合、趣味相投的老友陪伴，能任性地欣赏如此人间美景，能纵情地高歌家乡的秀美河山，人生的快乐，也莫过于此！"

二度落第

厉鹗万万没有想到，自己会得到内阁学士李绂的赏识，进而在浙江乡试中举。而这一切，似乎来得太过突然。

明清科举制度的乡试为省一级考试，多在农历八月举行，故又称为秋试、秋闱，安排在各省省会的贡院举行。乡试合格者即为举人，中了举人，实际上就成了候补官员，具备了做官的资格了。

三年一次的乡试，恰在此时开始，这一年浙江乡试的主考官，便是朝廷钦点的内阁学士李绂。当时的厉鹗，正是意气风发、踌躇满志之时。而其诗词名，已经是名满浙江了。

乡试那日，厉鹗早早便来到了杭州贡院门口。清代杭州城内，有一文一武两大建筑群很是显赫。一是八旗军营，驻扎着几千名官兵。二是这杭州贡院，是文人参加浙江科举考试的唯一考场。江南历来是人才荟萃之地，每次参加考试的考生竟达一万人左右，故这贡院内光是用于考生考试的小房间（号舍），就有一万四千余间之多。

由于科举制度是朝廷选拔人才和官员的主要途径，此时的贡院已是三步一岗，五步一哨，戒备森严。

对于一名读书人而言，参加科举考试，无疑是人生的一件大事。多年的寒窗苦读，不正是为了考取功名么？往大了说，可金榜题名，入朝为官，报效国家。往小了说，可光宗耀祖，光耀门楣，衣食无忧。可厉鹗对本次乡试，并没有抱太大的希望。一来是因为要从万名考生中脱颖而出，绝非是一件轻而易举的事情；二来这些年寄情山水、开怀畅饮、吟诗作赋的经历，对他而言反而有着更大的诱惑。

经过仔细搜身和验明身份之后，厉鹗进了自己的"号房"。监考官随即锁上了门，考生在考试结束前不得离开，这"号房"也成了考生考试期间吃喝拉撒和休息的场所。厉鹗环顾了一眼"号房"，里面十分狭窄，室内陈设也极其简陋，只有上下两块木板，上面的木板可用作写答卷的桌子，下面的可当椅子。厉鹗苦笑一声，这近乎密闭的空间，对他这样一个喜欢自由自在、无拘无束的人来说，无疑是极不习惯的。

厉鹗在木板上坐下，缓缓展开考题，对着考题沉思了许久，紧锁的眉头渐渐地舒展了开来。随后，他提笔写下了《谢表》二字，之后便才思如泉涌，一蹴而就……

几天后，主考官内阁学士李绂的书桌上，摆满了浙江乡试考生的答卷。这些答卷，都是经下级官员初步筛选以后报上来的。李绂仔细地打开一卷卷试卷，认真批阅着，唯恐错过了任何一篇好文章。只见他看完一卷，又展开一卷，时而微微点头，时而轻轻摇头，看到精彩处，不禁捋须微笑。当他看到那篇《谢表》时，不禁拍案而起，由衷赞叹道："此必诗人也！"没有丝毫的犹豫，李绂便让厉鹗通过了乡试成了举人。

中举后，厉鹗在家中与友人一同庆祝，特意开封了几坛埋了多年的老酒，整了几样下酒的小菜，几人喝得畅快淋漓。

"太鸿兄的这篇《谢表》，对仗工整，词藻优美，慷慨激昂，陈词有力，难怪会被内阁学士李绂大人一眼选中。您中了举人，又颇受李绂大人的喜爱，以后必定会飞黄腾达，这等时运真是羡煞旁人啊！古人常说：'锦鲤有祥瑞之气，能寓意好运。'太鸿兄这家中是何处养了锦鲤啊？竟能让您这般顺风顺水？"

好友之间的调侃惹得厉鹗阵阵笑声。厉鹗回想起自己年少时的家境和求学的经历，不禁五味杂陈，这心中的苦涩和艰难，也只有自己明了。更何况此番如果没有李大人的赏识，自己能否中举，也是很难预料的，正所谓"千里马常有而伯乐不常有"。

"对了，太鸿兄，我还记得几年前你曾经去汪舍亭先生家中教书，这一次您参加乡试，也是受他推荐？"

厉鹗频频点头："若说杭可庵先生是我的第一位恩师，那么汪舍亭先生便是我人生中不可多得的贵人。我曾身无分文游历四海，有幸结识杭可庵先生，在他的器重和推举下与汪舍亭先生结识，汪先生不嫌弃我才疏学浅，邀请我去教导汪浦和汪沆两位公子。汪舍亭先生家风严厉，教子有方，我也一改往日随和之风，以严厉治学，直至今日，那两个孩子见了我还是有些许畏惧的。"

厉鹗说完，露出了些许得意的神情。

"太鸿兄，汪舍亭先生是知书达理之人，想必对您也是上等的礼遇。这等恩情是可遇不可求，更是对太鸿兄人品敬重的体现。都说：'虎父无犬子'，这两兄弟想来也必定是少年才俊。"

"汪浦和汪沆这两个孩子天赋异禀，见地和眼界非寻常人可比，加之汪舍亭先生的严厉教导，学业自然日益精进。"

夜色已深，皓月当空。好友之间的推杯换盏，让厉鹗只觉人间温暖，处处有情。

过了些时日，厉鹗启程前往京城，昔日旧友前来相送。江水滔滔，群山万壑，船桨泛起白光，将厉鹗熟悉的乡景推向身后，此情此景也扰乱了厉鹗内心的平静。

厉鹗迎风而立，沉溺于沿途美景之时，见一旁书生对他作揖："看先生气度和风韵，绝非凡夫俗子，应该是前往京城考取功名的吧？"

厉鹗躬身回礼，答道："是啊，船行千里，只为赴京赶考。小兄弟你看，这水光山色间，全然美哉妙哉，比起功名利禄，我觉得这转瞬的美景更令我沉醉。"

那书生听闻此言，便起身眺望远方。这才发现，此时的江面隐雾缭绕，山峦潜藏，犹如仙境一般。

书生感叹道："先生的境界，我是自愧不如。此番进京赶考，我在欣喜之余，满心都是担忧，而先生却是神情自若，沿途欣赏美景，悠然自得。"

厉鹗听闻此言，微笑不语。想必是自己此前游历山水，更能体会自然之秀美罢了。

如此这般，厉鹗借景抒情，一路上洋洋洒洒，竟写下诗词十余篇。

到京城之后，厉鹗的诗便传到了侍郎汤右曾的手中。汤右曾与厉鹗素未谋面，但从他的诗中读出了此人的风骨和神韵，对他大加赞赏。可令他万万没想到的是，才华横溢的厉鹗，却在会试中意外落榜。

厉鹗落榜的消息不胫而走，汤右曾得知后惋惜不已。汤右曾是爱才惜才之人，实在不忍心厉鹗浪迹于山水之间，便在家中清理出一间卧房，准备邀厉鹗前来居住。

厉鹗不忍当面拒绝汤右曾的一番美意，在汤右曾请他到家中赴宴的前一天不辞而别，只身一人回到了家乡钱塘。回到钱塘后，厉鹗写诗叹道："一昔都亭路，归装只似初。耻为主父谒，休上退之书。柳拂差池燕，河惊拨剌鱼。不须悲楚玉，息影忆吾庐。"

乾隆元年（1736），浙江总督程元章举荐博学鸿词十八人，厉鹗、杭世骏都列名其中，厉鹗在全祖望等好友的劝说下再次赴京应试。在考试中，厉鹗误将论写在诗前，再次落第。

此后，厉鹗再也没有参加过科举。

西溪寻梅

从京城铩羽而归回到家乡的厉鹗，已不复当初挥别时的心境，一直赋闲在家。

一天，厉鹗在家中怔怔出神之时，门外传来了一名男子的声音："太鸿兄可在家？"厉鹗起身开门，只见门外站着的，正是自己的好友杭世骏。"太鸿兄，好久不见。"杭世骏向厉鹗拱手作揖，"此次春闱报罢，不必太放在心上，您诗学出类拔萃，以后一定还会有机会的。"原来，杭世骏此番前来，是特意来安慰厉鹗的。

厉鹗淡淡地说道："我本就没有做官的心思，此次落榜反而成全了我幽慵的个性，让我能在家为老母亲尽孝，也不失为人生的一种满足。"杭世骏说："太鸿兄能如此想甚好！"

"太鸿兄，离杭州城不远的扬州，有马秋玉（曰琯）和马佩兮（曰璐）兄弟二人与我相识。两人虽是盐商，但以古书、朋友、山水为癖，对文人墨客十分尊重，对诗词歌赋也是颇为喜爱，人称'扬州二马'。家中有藏书楼名曰'小玲珑山馆'，有藏书十万余卷，太鸿兄可愿意与我一同前往？"杭世骏接着说。

杭世骏真不愧为厉鹗的知己。厉鹗不爱金银玉石，唯独钟爱古书学问。这藏书，无疑对他是极大的诱惑。厉鹗于是欣然接受，与杭世骏一同前往扬州。有了杭世骏这层关系，厉鹗顺理成章地成了马家的座上宾。在马氏小玲珑山馆中，厉鹗沉浸在古书的浩瀚海洋中。此后，他与马氏兄弟和杭世骏等浙江诗人结为邗江吟社，一帮文人雅士经常在一起游历两浙山水，饮酒吟诗作赋，倒也潇洒快活。

初春一日，杭州城突降大雪，杭世骏等几位好友便邀厉鹗一同到西溪踏雪寻梅。那西溪距西湖十里之遥，因当年宋高宗赵构在皇城选址时的一句"西溪且留下"而闻名遐迩。

经过几百年当地百姓的亦农亦渔，此时的西溪，河网水道星罗棋布，造就了江南农耕文化"以岛为家、以桥为路、以舟为马、以水为田"的独特景致，使其成为文人雅士们偏爱的隐居怡情之所。

厉鹗一行人来到西溪，只见此地已是白雪皑皑，一片银装素裹。众人一边踏雪赏梅，一边畅谈诗词。

西溪探梅的历史由来已久。西溪的梅花，有洁白的江梅、艳红的朱砂、淡雅的绿萼、娇嫩的宫粉，或兀自孤傲地站立着，或从岸边斜伸向水面，或倚靠在土墙边悠然自得，处处透着高洁，让人忘记了世间的纷扰。

杭世骏突然问道："太鸿兄，当今词派分为豪放与婉约两大派，不知你更喜欢哪种风格？"

厉鹗看了看前方，一条条小径和一座座小桥已被白雪所覆盖，一汪池水在白雪的映衬下显得格外湛蓝。

他稍加思索，回答道："豪放派气势豪放，意境雄浑，大多抒发爱国之情、报国之志，以苏轼、辛弃疾为代表。

西溪探梅

而婉约派词风清新秀丽，感情婉转细腻，大多抒发儿女之情、离别之思，以柳永、李清照为代表。实际上，当今词派已无明显的婉约豪放之分。"

厉鹗看了看杭世骏，稍作停顿，接着说："我个人认为，评判词的好坏应以'清''雅'二字为标准。词的文风应该是幽隽清绮，语言婉约淡冷；词的立意要雅致脱俗，表现清高志性。因此，我更欣赏姜夔、张炎等人为首的宋词南宗。"

杭世骏不住点头："所言极是！所言极是！"

一行人走过一座座小桥，越过一条条小溪，体验着"一曲溪流一曲烟"的意境。不知不觉间，一行人来到了一处宅院，上书"西溪山庄"四字。那宅院白墙黛瓦，看似有些颓败。但院内外却种着几十株梅花，就着院中一汪碧池，在一片洁白的衬托下更显妖娆。

看到此景，厉鹗不禁大声吟道："阑压垣衣户网尘，嫩寒恻恻那禁春。一池好染罗裙水，只照梅花不照人。"（《西溪山庄有感》）

众人听罢，皆拍手称道。见天色已晚，雪也不见停歇，众人遂在山庄借宿一宿，是夜自是少不了饮酒作诗。

次日清晨，众人辞别山庄主人，离开了山庄。江南的雪，来得快去得也快，此时的西溪，已是雪后初霁，显得更加淡雅秀丽。

此后，厉鹗多次畅游西溪，留下了许多有关西溪的诗句，比较著名的有《西溪晓起》和《西溪巢泉上作》：

西溪晓起

首春溪中寒，偃卧如屈铁。

宵分天柱梦，觉来转清切。

开门残月在，下见数峰雪。

雪际生白云，睿映不可说。

登桥水市静，寻径冰泉裂。

田翁尚无事，初阳候林缺。

怀新意似欣，理旧抱已结。

何如岩栖人，燃竹饭松屑。

西溪巢泉上作

玩溪遂穷源，东峰屡向背。

朝日上我衣，春泉净可爱。

不知泉落处，潺潺竹篱内。

喧闻两叠泻，静见一潭汇。

松风飏纤碧，花影蓄深黛。

名言犹有相，幻照乃无悔。

悠然巢居心，颇欲终年对。

厉鹗对江浙山水的热爱，从他描写西溪的诗句中可见一斑。沧海桑田，岁月轮回，到了 21 世纪，杭州实施西溪湿地综合保护工程时，自然忘不了这位热爱湿地的诗人，为纪念厉鹗和杭世骏这两位文学家，不仅专门设立了厉杭二公祠，还在秋雪庵设立了两浙词人祠，厉鹗等人的大名赫然其上。

孤灯相伴

那年，与厉鹗同行应试的友人们都考取了功名，只有厉鹗落第后回到家乡。他缺乏生活来源，又不会经营生活，不仅如此，厉鹗由于体弱，还患上了许多疾病，很快就陷入了贫病交加的境地。

乾隆六年（1741），厉鹗的爱妾朱满娘生了一场大病，他将家中的财物悉数典当为她治病，但朱满娘还是于次年去世。此后，厉鹗无人照料，生活更加艰难。

或许是父亲去世早，家境贫寒，又险些被兄长送去寺庙当了和尚，厉鹗的内心一直都很阴郁，阴郁得不敢相信自己也不敢相信别人。他从来没有大胆地给自己做过什么决定，也从来都没有鼓足勇气去做什么事情。此时，他终于做了一个大胆的决定。

"我想，用我举人的身份去参加县令的选举。"

厉鹗的亲友们都认为他不适合这个职位，可是厉鹗却表示："我现在身无分文，自己也没有能力挣钱，诗词能养活我，但养活不了我的老母亲。"

听闻此言，大家默然，不再加以劝阻。

就这样，厉鹗一路北上。然而，到了天津以后，厉鹗却放弃了入仕的打算，与好友查为仁一同完成了《绝妙好词笺》的整理注释，随后不久，他回到了杭州的家中。

此后，厉鹗便一直躲在家中不肯见人，好友马曰琯觉得蹊跷，便登门拜访。

"太鸿兄可在家中？"

许久，才从屋子里面传出了脚步声。

厉鹗走到门口开了门，此时他已经瘦骨嶙峋，完全失去了昔日的神采。马曰琯被眼前的景象惊呆了，眼中的热泪翻滚，赶忙将厉鹗搀扶进屋。

"人有终年，百病缠身，牙齿终日疼痛，彻夜难眠。"厉鹗戚戚然说道。马曰琯心中有万语千言，但却无法开口。他知道，以厉鹗的个性，即便死也不会主动去求亲友的救济，看目前的状况，恐怕神仙在世也难以扭转乾坤了。

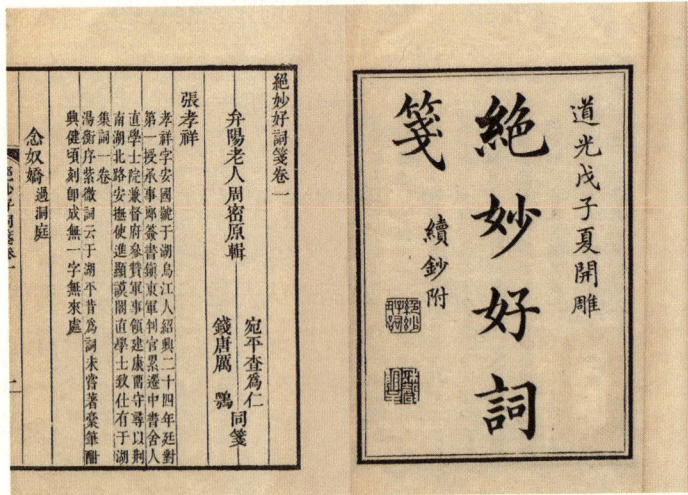

〔清〕查为仁、厉鹗笺注《绝妙好词笺》书影

这么多年来，厉鹗一直是一个有风骨的文人，他的脾气秉性，一直都不适合入朝为官。同时，他又无其他谋生手艺，所以生活一直不宽裕，可他心中那不为五斗米折腰的傲骨，却一直都没有消退。

"我这一生，心高气傲，数次去考功名，可连连败北，你们对我的救济和施舍已然不少。命到劫数，死也就无所谓了。"

"并非如此！太鸿兄你只是生不逢时，若不是之前写错了试卷，你一定能够入朝为官，声名显赫。"

马曰琯提出要带着厉鹗到京城看病，可厉鹗无论如何都不肯接受。碍于厉鹗倔强的性格，马曰琯也就不再坚持。

之后，得知厉鹗遭遇和境况的昔日好友又向厉鹗伸出援手，厉鹗这才勉强得以度日。

为帮助厉鹗渡过难关，马曰琯便想资助厉鹗纳妾，好让他有个照应。他在杭州四处打探，寻找老实本分之人，最终资助厉鹗纳了刘姬为妾。然而，不到一年时间，刘姬就因受不了贫寒，一走了之了。

晚年的厉鹗又一次陷入了孤苦伶仃的境地，夜夜孤灯相伴，但这并没有削弱他著书立说的意志，反而使他更加努力地写书。他不仅有感于《辽史》的简略，完成了《辽史拾遗》二十四卷，更将在小玲珑山馆所见宋人文集等汇总，撰写了《宋诗纪事》百余卷。

乾隆十六年（1751），乾隆南巡，经过杭州，厉鹗与吴城一同撰写了《迎銮新曲》呈献给他，其中吴城所写的《群仙祝寿》、厉鹗所写的《百灵效瑞》，得到了乾隆的赞赏。

乾隆十七年（1752）秋天，厉鹗病重。一日，他对汪沆说道："予平生不谐于俗，所为诗文亦不谐于俗，故不欲向不知我者索序。诗词二集，已自序而授之梓，尚留小文二册藏敝箧，子知我者也，他日曷为我序而存之。"第二天，厉鹗便溘然辞世，走完了他郁郁不得志的一生。厉鹗的死，让朋友们十分悲痛："今后江淮之吟事衰矣！"

厉鹗离世后，学生们将他生前的诗文集加以整理，汇编成《樊榭山房集》，后被收录进《四库全书》。从集中收录的"十诗歌九山水"，可见厉鹗对名山大川、自然风光的酷爱。

事实上，厉鹗一生对学问的孜孜追求，也是如此。

参考文献

1. 柯贞金、谭新红：《厉鹗词学研究综述》，《古典文学知识》2009 年第 5 期。

2. 赵杏根：《论浙派诗人厉鹗》，《文学遗产》2000 年第 3 期。

3. 周潇：《厉鹗词论之创见及浙派词学旨归》，《青岛大学师范学院学报》2005 年第 1 期。

4. 张兵、王小恒：《厉鹗与浙西词派词学理论的建构》，《西北师大学报》（社会科学版）2007 年第 5 期。

"狂人"杭世骏

杭世骏（1695—1773），字大宗，号董浦，仁和（今浙江杭州）人。清代经学家、史学家、文学家、藏书家。

杭世骏的诗与厉鹗齐名，虽以诗名，但实精于史，著述颇丰。其著有《诸史然疑》《三国志补注》《北史搴稂》等书，并补纂《金史》。另有《道古堂文集》48 卷、《道古堂诗集》26 卷、《石经考异》《续方言》《榕城诗话》《两浙经籍志》等。杭世骏还是《雍正西湖志》的分修者。

直言犯上

乾隆八年（1743），不少地方遭遇多年不遇的大旱，乾隆皇帝下诏书开设御史试，自诩礼贤下士、寻觅贤才。

在考场中，不少应试官员握着笔久久思量，表现得十分谨慎，生怕哪一句写得不好，全家都会受到牵连。而坐在后排的御史杭世骏却在奋笔疾书。当周围官员还在抓耳挠腮之际，杭世骏已将数千字的文章上交，整了

〔清〕杭世骏《诸史然疑》书影

整衣冠离开了考场。

走出考场的杭世骏，望了望远处滚着热浪的旱田，缓缓地舒了一口气。

在刚刚递上去的那篇《时务策》中，杭世骏将自己心中积压已久的想法一吐为快，而且内容新颖，字字珠玑。这时，他还一边走着一边回味着，甚是满意。

然而，让他没有料到的是，这篇文章却改变了他的一生。

夜幕降临，月牙开始忽隐忽现，一天的热浪暂时退去，一缕月光不经意间落在了养心殿前。

"一派阿谀奉承之文，没有一篇能让朕细细品读。"

乾隆皇帝随身伺候的太监王进保又给他端来了一杯菊花茶。这一年暑热不散，天不降雨，乾隆因天气闷热烦躁不已，再看着手上这些帖子，净是些时运不济一类的言辞，也没有解决的方案，看了不但头疼，而且胸闷郁结难消。

"皇上，您要不要再进一杯菊花茶？内务府存下的冰品配上菊花茶是最清凉去火的。"老太监王进保察言观色，小心翼翼地道。他从皇帝紧锁的眉头中，发现龙颜不悦，正想着如何让皇帝消消气。

乾隆皇帝摆摆手，没有说话。当他看到杭世骏的那篇《时务策》时，心中的怒火一下子爆发了。

"意见不可先设，畛域不可太分，满洲才贤虽多，较之汉人，仅什之三四，天下巡抚尚满汉参半，总督则汉人无一焉，何内满而外汉也？……而十年不调者，皆江浙之人，岂非意见畛域……"

试卷上几行大不敬的言论，醒目地跳入乾隆的眼里，将他积攒已久的怒气全部引爆出来。龙颜震怒，王进保看在眼里，连忙拿着扇子在一旁扇着，伺候乾隆多年，他能够一眼看出这位皇帝的喜怒哀乐，这个时候，他最好的选择就是沉默。

清代自努尔哈赤奉行"以满治汉"政策以后，满汉官员尊卑有别的情况，便一直没有得到彻底改观。

顺治九年（1652），进士魏裔介曾在奏章里面提醒皇帝：督抚这个重要职位应该慎重选择，不应该只用辽左旧人。可惜在康熙、雍正两朝，对满族和汉族官员比例失调及其带来的矛盾问题，并无具体解决之策。

至乾隆一朝，专制更甚，且尤重满汉之防，屡屡下诏反复晓谕满汉之别，告诫满人不得"沾染"汉人习俗。在官场，满汉之争、江浙歧视成为清廷高层中的潜规则。

晚年自封"十全老人"的乾隆，喜听虚伪奉承之言，满朝文武亦趋炎附势。在这样的时代背景下，杭世骏却大义直言，对抗皇帝威严，结果可想而知。

"去！连夜去！宣刑部尚书明早来见朕！这等狂妄之徒，妄议朝纲非议皇帝，朕要杀了他！五马分尸！"

更深夜重，快马急召，刑部尚书徐本就在这样一个暗潮涌动的夏夜里接到了乾隆的口谕。

第二天，太阳刚刚升起，京城的空气中就弥漫着一股热气。

杭世骏全然不知道灾难已经悄悄地离他近了，起床、穿衣、洗漱，一番整理后，他准备去同僚家中参加聚会。

"今天受邀去大人家里用餐，总不能两手空空登门吧？"杭世骏的妻子一边帮他整理衣物，一边看了看院子。

说到要拿些东西回礼，这会儿家里还真没有什么体面的礼物。杭世骏虽然是在朝中效力之人，但是一年的俸禄不过八十两白银，可他又偏爱藏书，那些俸禄早就换成书籍堆在了家里，日子过得当然不能和其他官员相比。

"君子之交，哪来那么多礼尚往来，不必麻烦了，我出门了。"

〔清〕《雍正西湖志》中的《灵石樵歌图》

　　杭世骏一向我行我素，不觉得自己寒酸，说到自己的兴趣，除了收藏一些喜欢的名人、古人的书籍字画外，就是将一些又大又新、品相极好的铜板子串起来放着，所以经常有人开他的玩笑，说："大宗这人怪得很，右手沾满墨臭，左手全是铜板的香气。"

罢官回乡

　　这边，杭世骏正离家赴约。另一边，徐本已经在养心殿门前听宣。

　　"王公公可知道皇上什么时候才能见我？"徐本还是有些担心，现在养心殿里面的那群大臣，似乎又惹得皇上不痛快了。

　　"大人还是等等吧，按理说我应该给您搬来凳子的，只是现在您看，皇上的脾气实在是揣摩不透，奴才也不敢自作主张，只能委屈大人了。"

"昨日来传口谕的公公说是一位大人惹得皇上龙颜不悦，公公可知道是哪位大人？"

徐本已经热得有些恍惚，两只脚打着哆嗦，虽然心中疑惑，但还是猜不透是什么个情况。

"好像是在看了杭世骏大人的答题言论后就招您进宫了，奴才眼拙，看不懂笔墨，具体写了什么就不得而知了。"

王进保脸上堆着笑，其实他怎么会看不懂杭世骏写了些什么，只是这样大不敬的言论，别说说出来，即使看了都要装着没看过，这才能保得住小命。

徐本听闻闯祸的竟然是同乡杭世骏，愣了愣，有些不知所措，一个趔趄，险些跌倒。

焦急的等待过后，皇帝宣其入养心殿议事。

"爱卿啊，你来看看这大不敬的言论。小小杭世骏，居然敢对朕和老祖宗的规矩指指点点，我大清得天下，从祖上就奉行满蒙汉大融合，现在他竟然敢公然说朕轻视汉人，还指责朕多年不曾提携过江浙地区的官员，是何居心！"

为了前线战事，乾隆刚刚被几位大臣烦扰了心智，这会火气比昨日更大了。

"徐本，你说，应该如何处置？你不就是江浙过来的吗？"

殿外酷暑难忍，殿内的气氛让人不寒而栗。要是按照大清律例，肯定是要斩了那不知天高地厚的杭世骏。可是杭世骏是自己的同乡，他虽常常直言不讳得罪同僚，可才华横溢，是个不可多得的人才，在朝廷上，也与自己十分投契。如今既是同乡，又能够同朝为官、互相扶持的人本就不多。徐本脸上的汗珠开始沿着披须扇肩往下滴落，心里寻思着，这是棘手的事，假如秉公论事，杭世骏人头不保；若是说情，恐怕坐实了"江浙党"的存在。

"回禀皇上，按律，杭世骏怀私妄奏，应该处以死刑……"

乾隆听到徐本这话，将杭世骏的文章往桌子上一摔，靠在椅子上。

"那就交由你们刑部去办吧。"

乾隆说着，语气平复了些，王进保赶紧将新供奉的梅子给乾隆端过去。

"皇上，这江南的梅子能解暑热，还能解您近来的口燥，请您吃些吧。"

乾隆皇帝看了看青色的梅子，拿了一颗尝了尝，酸，但是可口。

"去，给徐大人端过去，徐大人站了许久，朕赏他青梅解渴。"

老太监端着青梅走到徐本面前，徐本重重地磕了几个响头："皇上开恩啊！那杭世骏本就是一个口无遮拦的狂妄之人，以前在老家时就经常大放厥词，可他并非针对朝廷和皇上！"

徐本一边说着，一边磕头，乾隆皇帝却不为所动。

这些日子，前朝、后宫、天灾已经让乾隆皇帝烦躁不安了，现在竟然有杭世骏这样的狂徒写出如此大不敬的文章，实在可恨，不杀不足以平定自己心中的愤恨。

"徐本，你这么说是说朕不该和他计较了？是不是还要赏他白银千两？"

"臣不敢！皇上，这杭世骏本是一书呆子，自视清高，难免狂妄自大，皇上您贵为九五之尊，不必与他计较。另外，这一代才子假如因为一篇文章被斩，恐怕以后的臣子都不敢直言进谏。微臣以为，还是罢了他的官，让他回乡去种青梅，每年孝敬您，以表忠心！"

徐本一边出着主意，一边依旧在殿上磕着头，额头上隐约有血渗出来。也许，只有这种方式可以让皇帝消消气，也只有这种方式可以救自己的老乡一命！留得青山在，不怕没柴烧，能保他一命就行，现在也顾不了其他的了。

乾隆皇帝吃了青梅，只觉得有些涩口。刚才是在气头上，现在冷静了下来，看着跪着的徐本，觉得他说的话不无道理。

"皇上，您看，这天已经热起来了，您马上要去给太后请安了。太后常常埋怨奴才不能照料好您的身体，您若是再气坏了龙体，太后就更不安了。"

王进保赶紧过来劝乾隆皇帝消消气，乾隆这才想起来太后正病着。

"罢了罢了，太后病着，天灾也闹着，朕也不愿意杀一个狂妄之徒。徐本，你去告诫告诫那狂徒，罢了他的官，给朕回老家去吧。"

徐本听了皇帝的话，心中悬着的一块石头终于落下了，他赶紧又给乾隆磕了几个头，就这一来一去的时间，徐本的朝服早已被冷汗浸透。他长舒了一口气，一阵感慨：大宗啊大宗，真险啊！九死一生间，我居然说服皇帝开恩，保住了你这条小命！

此时的杭世骏正和朋友在院中饮酒。突然，一家仆冲了进来，跑到主人面前，战战兢兢的，欲言又止。

"有话，但说无妨，杭大人不是外人。"

坏事传千里。原来，昨晚皇帝对杭世骏勃然大怒的事情，以及今早传召徐本的事，已经传遍大街小巷的茶馆，家仆听闻后立刻回来禀报。

令人没想到的是，杭世骏听闻后，面不改色，依旧潇洒地饮酒，反而主人有些按捺不住了。

"大宗啊，那直言狂文可当真？徐大人还在宫中？"

"那篇文章确实是我杭某人写的，但是我认为我是发表个人观点，假如因为我的文章让皇帝不高兴而砍了我的项上人头，我只能说命该如此啦。"

杭世骏慢条斯理地说着，好像在说一件与自己无关的事一样冷静。

"大宗啊大宗，出了这么大的事情，你不回去看看？或者，你跑啊！皇上肯定不会轻饶你。"

主人彻底慌了，一会刑部带兵来抓人，那自己也难逃干系，现在只想让杭世骏赶紧离开。

"不用怕，就是我罪当伏法，处决时也会在京师市面上执行，肯定不会污损您这里，有什么好怕的？"杭世骏根本没有惧怕的样子，但看着朋友已经吓得魂飞魄散，自己也不好久留。只是临别之前，那道西湖醋鱼没能品上，实在有些遗憾。

乾隆八年（1743）夏末，杭世骏正式被免去官职，被驱逐出京城，返回老家仁和县。

淡泊人生

刚刚被罢免的时候，杭世骏每日闭门不出，只在自家旁边的吴山小径中来回踱步。

但每当喝醉酒的时候，他又会在大街上倒着行走，招摇过市，大声吟咏诗句，旁若无人一般。他这天真耿直、恃才傲物的性格，喝了酒就一览无遗。很多同僚都躲着这位落难的、有着"狂徒"之称的大才子。杭世骏也知道同乡徐本的直言相救，内心是感恩的，无奈自己已经远离京城，不知道今生是否还能相见。

郑板桥曾经写信慰问杭世骏，并作了《与杭世骏书》："君由鸿博，地处清华，当如欧阳永叔在翰苑时，一洗文章浮靡积习，慎勿因循苟且，随声附和，以投时好也。数载相知，于朋友有责善之道，勿以冒渎为罪，是所冀于同调者。"

　　杭世骏在钱塘开始了教学之路，后来受到扬州安定书院的邀请，成为一名教书先生。可是，他每年都要回钱塘两次，虽然没有事情可以做，但他都会带上几枚铜板，来到望仙桥下，与那些乡里的少年玩乐。

　　当时，同样在翰林任职的后生钱维城，寻到钱塘拜访杭世骏，此时的杭世骏正穿着一身粗布衣裳，摇着芭蕉扇，在给少年们讲故事。他一抬头，看到一众人马向他走来，领头的像一个当官的，似曾相识。

　　少年们因为害怕全都躲到了桥的后面。

　　钱维城算是杭世骏的后辈，看到杭世骏后恭恭敬敬地作揖，而杭世骏却不想看到他，赶紧用一把芭蕉扇将自己遮了遮，又转过身去。可是，已经来不及了，他还是被钱维城看到了，只好走了过去。

　　"前辈让后生好找，原来在这里乘凉。"钱维城恭敬地说道。

　　"你要见我，现在已经见到了。"杭世骏不想多说，也不想再留在这里，只想早点离去。

　　"前辈，我是打算到您的家中拜访。"

　　"我住的地方又小又乱，实在不适合大人们拜访。"

　　杭世骏摇了摇芭蕉扇。

　　"前辈说笑了，总之我是一定要去您家中正式拜访。"

　　"不必了，大人若是没事就回去吧，我马上要离开钱塘去扬州了，大人若是执意如此，我便在这睡下了。"

钱维城看杭世骏执意拒绝自己，无奈地作了一个揖，原路返回。

等到钱维城走后，那些躲在桥后面的少年才跑了出来："先生，您是什么大人物啊？连朝廷官员都要来拜访您？"

杭世骏看了看说话的少年，用芭蕉扇敲了敲他的头："我不过是一个教书的先生。"

夏天一过，杭世骏带着家属又回到了钱塘，还不等自己进家门，就看到门口站着一位书生。

"您就是杭世骏先生吧，学生有些问题想要请教，希望先生能收学生为徒。"

杭世骏看这书生像是世家子弟，他现在只想安心教书，不想与这些世家子弟有过多牵扯。

"进来吧，我家有些乱，你若是不介意就先等等。"杭世骏淡淡地说道。

杭世骏的妻子开了门，院子里面堆满了破铜烂铁。

这是杭世骏被罢官后除了教学之外的一点小生计，他喜欢收集一些可以买卖的破烂，倒卖出去，换点小钱。

"先生就住在这种地方？"

那书生有些不想进门，生怕弄脏了自己的衣裳。

"正是，进来吧，我们刚刚回来，我让他们给你泡杯茶。"

说着，杭世骏就去收拾院里的东西，喊妻子去打水刷洗茶壶。

书生用一块破布擦了擦椅子，坐在椅子上。

"你平时修习的是什么学问？"

"学生专研经书。"

杭世骏看了看这名书生，随后提了一个问题，书生答不出来，杭世骏叹了一口气。

"先生，其实学生对于《史记》有些见解。"书生辩解道。

"那好，那你说说，你知道唐朝第一任宰相吗？他的身高是多少？寿命有多长？"

书生抓耳挠腮，这样的问题实在难倒自己了。杭世骏没有多说，索性把他晾在那里不再理睬，过了一会儿，那名书生识趣地离开了。

罢官的日子，杭世骏并未虚度光阴。他用几十年的时间编写了《道古堂文集》《道古堂诗集》《石经考异》《续方言》《榕城诗话》《两浙经籍志》等具有较高文史价值的书籍。

风骨傲然

乾隆三十年（1765），乾隆南巡来到钱塘后，忽然想到当年那个被自己撤职的杭世骏，就让当地接驾的官员把这个人找来，他要见一见杭世骏。

乾隆打量着面前的杭世骏，问道："你现在靠什么生活？"

杭世骏想了想，回答道："我在做旧货买卖。"

乾隆听了有些不太明白，又问："什么叫做旧货买卖？"

"就是靠卖破铜烂铁过过日子。"

乾隆听了，哈哈大笑。后来还特意写了"买卖破铜烂铁"六个字，派人给杭世骏送去。

杭世骏并不觉得受到了羞辱，反而将这幅字装裱起来，放在家门口当起了招牌，自称"奉旨在此买卖破铜烂铁"。没想到正是凭借着乾隆的这六个字，杭世骏的生意越做越兴旺，成了远近闻名的小商人。

可能因为杭世骏的生意越做越大，在地方又很有地位，所以很快就有了谣言，说他是一位爱钱如命的人。不少人便想"投其所好"，结交杭世骏。

有一位做货运生意的商人，得罪了朝廷的盐运使，整天胆战心惊的。有人向他提议，这件事情可以找杭世骏帮忙解决，找其他人都是徒劳。这位商人风尘仆仆地来到杭世骏家里时，杭世骏正把玩着两个铜板，商人看到杭世骏这副模样，心想这位杭先生一定是爱财之人，心里便有了底气，索性直接把银子放在了杭世骏的书案上，可是还不等说出怎么回事，杭世骏一把将银子丢回给他。

"脏钱拿开，看不见下面放着我的新画？"

商人这时候才看到，刚刚自己把银子放在了书案的画卷上。

"杭先生，您看，我做点小生意，但是盐运使不给方便，我这眼看着就要赔得倾家荡产，您看看能不能……"

商人小心翼翼地说着，好像把所有希望都寄托在对方身上。

杭世骏知道这个商人是做私货生意的，毫不留情地大声训斥了一番，将那商人赶出了家门。从此，关于杭世骏爱财的传言就多了一条："杭世骏爱财，但不爱不义之财。"

随后几年，杭世骏一直在杭州潜心创作。

据传，乾隆三十八年（1773），乾隆皇帝又一次下江南，杭世骏与乾隆再次见面，乾隆看着已头发花白的杭世骏，问道："这么多年，你的脾气改掉了吗？"

杭世骏依旧没有低头："臣已经老了，改不了了。"

乾隆听后，心里一时间又气又恨："你都已经老了，为什么还活着？"

杭世骏回答道：“臣还要歌咏这太平盛世呢！”

这明显是对乾隆的讥讽，可是乾隆却抓不住任何把柄给他治罪，只能摆摆手让他走。

当天晚上，杭世骏浑身不自在，他十分担心家人会受到牵连，而他已是风烛残年，可以离开这个世界了。于是，他找来了一根绳子，悬梁自尽。

狂狷、耿直而又才华横溢的杭世骏就这样离开了人世。他留给后世的，不仅有市井传说，还有关于杭州的众多诗篇。

参考文献

1.〔清〕龚自珍:《杭大宗逸事状》,载《龚自珍全集》,上海人民出版社,1975 年。

2.〔清〕葛虚存:《清代名人轶事》,山西古籍出版社,1997 年。

3.赵尔巽等:《清史稿》,中华书局,1977 年。

4.綦彦臣:《清朝不允许臣子涉及敏感话题》,《领导文萃》2013 年第 13 期。

5.綦彦臣:《乾隆爷那些事儿》,新华出版社,2009 年。

袁枚的"壶中天地"

袁枚（1716—1798），字子才，号简斋，晚年自号仓山居士、随园主人、随园老人，钱塘（今浙江杭州）人。清朝乾嘉时期代表诗人、散文家、文学批评家、美食家。

袁枚少有才名，擅长写诗文。其倡导"性灵说"，与赵翼、张问陶并称"性灵派三大家"。主要传世著作有《小仓山房文集》《随园诗话》《随园食单》《子不语》《续子不语》等。散文代表作《祭妹文》与唐代韩愈《祭十二郎文》齐名。

钱塘游子

"眼前两三级，足下万千家。"

古往今来，西湖留下了许许多多文人墨客的赞美之词，而袁枚是最年少的那一位。九岁时，他爬上家乡的吴山，站在山之巅，看着脚下的万户千家，突然来了灵感，随口吟出了这句极具张力、广为传诵的名句。

　　袁枚是钱塘人，康熙五十五年（1716），袁枚出生在钱塘丝绸业的发祥地——东园街大树巷，是土生土长的东园人。当时，这一带是城郊接合部，居民大部分为贫民、菜农、机坊户，也有一些底层知识分子。袁枚的父亲袁滨，在湖南衡阳县衙做师爷，收入不是很高，但也衣食无忧，最重要的是袁家世代从文，家风甚好，袁枚从小就得到了良好的教育。七岁这一年，袁家搬到葵巷，袁枚进入私塾读书，识文断字，十分刻苦。

　　雍正五年（1727）春，县府学考场出现了一个有意思的场面，一位十二岁的少年，和他四十二岁的老师一起参加县里的秀才考试。少年镇定自若，文思泉涌，下笔如有神助；而老师则显得有些紧张，时值早春，乍暖还寒，但他的额头还是冒出了豆大的汗珠，他一边答题，一边不断地拭去额头上的汗珠。考试分许多场，第一场考《论语》《大学》《中庸》《孟子》，时文一篇，试帖诗一首。那天是第二场，考八股文、史论、杂作、古近体诗等。

　　其实，考个秀才也不是那么容易，三年二考，县试就要考五场，正试、招复、再复、连复、后复，只有优秀的人才能过这五关，才有可能进入下一场由知州主持的府试，过了府试这一关，再进入由省学政主持的院试，合格者才能成为一名秀才。

　　幸运的是，少年和他的老师双双上榜。这位少年便是袁枚，他的老师叫史玉瓒。

　　九岁吟出"眼前三两级，足下万千家"的诗句，十二岁就能考中秀才，一时间，袁枚成了新闻人物。接下来便是"入泮礼"，中了秀才的还要参加巡街活动，主要是让市民看看今年哪些人考中了秀才，为社会树立榜样。参加巡街的秀才，可以说是出尽风头，无上荣光。袁枚只有十二岁，他无法理解这份荣耀，他只是觉得，坐着轿子巡街很好玩，很有意思。

> 记得垂髫泮水游，一时佳话遍杭州。
> 青衿乍着心虽喜，红粉争看脸尚羞。
> 梦里荣华如顷刻，人间花甲已重周。
> 诸公可当同年看，替采芹香插白头。

六十年后，袁枚重游少年时读书的地方，当年的那场巡街盛况还历历在目，他感慨万千，写下了这首《重赴泮宫诗》。

少年天才袁枚深得许多人的赏识，浙江学政程学章就很欣赏他的才华，特别推荐他到凤凰山敷文书院深造。敷文书院原来叫万松书院，因康熙题"浙水敷院"才改的名。

那一年，袁枚十八岁。在离开敷文书院五十年后，袁枚重访敷文书院，面对这经常出现在他梦里梦外的书院，回忆起在书院的那些美好时光，他老泪纵横，一首诗脱口而出：

> 万松环一岭，书院建其巅。
> 我昔来肄业，弱冠方童颜。
> 当时杨夫子，经史腹便便。
> 门墙亦最盛，济济罗诸贤。
> 我每遇文战，彻夜穷钻研。
> 至今咳唾处，心血犹红鲜。
> 何图目一瞬，垂垂五十年。
> 先师墓木拱，诸贤尽云烟。
> 我来重过此，几席犹依然。

误欲往学舍，执卷趋师前。
昔也离家远，廿里走伈伈。
今也升讲堂，一步一扶肩。
昔为服子慎，绛帐时周旋。
今为苏子训，摩挲铜狄仙。
逝者尽如斯，能无意自怜。
羡煞丹桂花，无言但参天。

在敷文书院求学时，袁枚是快乐的，但有一件事让他伤心欲绝。入学第二年，与他一起中了秀才的私塾老师史玉瓒去世了，而且死得很惨。他突然患了一种怪病，舌头肿胀得厉害，无法进食，最后被活活饿死，葬于葛岭。临终前，老师恳请袁枚为他写传，袁枚含着泪，写下了《溧阳史先生传》的墓志铭，完成了恩师最后的愿望。

十二岁成为秀才，十八岁入敷文书院，十九岁时破例补为廪生，二十岁获得参加乡试的资格……二十岁以前，袁枚一直在钱塘求学，顺风顺水。

乾隆元年（1736）春，袁枚远赴广西，探望做幕僚的叔父袁鸿，这是他的第一次远行。

袁枚从南星桥码头登船，沿钱塘江溯流而上，过富阳，至桐庐，行至严子陵钓台，他弃船上岸。到桐庐探望严光，吟诗作赋，几乎成了历代文人雅士的必修课，袁枚当然也不例外，留下了《钓台》《书子陵祠堂》《严子陵像》《桐江作》等诗。如《钓台》：

夜泊钓台旁，客星如月大。
想见严子陵，投竿在此坐。
朝随渔翁嬉，暮陪至尊卧。
为念故人重，转觉天子轻。

偶展榻上足，乃惊天上星。

袁枚在桐庐停留了数日，一为严光，二为富春江美丽的景色。正是这次路过，让他更加仰慕严光视名利为粪土的隐士精神，他从富春江的绿水青山间，隐隐约约听到了大自然的召唤。或许，桐庐之行后，一颗归隐的种子已在他的心里深深埋下……

端午节前，一路跋山涉水的袁枚终于抵达广西府衙桂林。此时，他早已疲惫不堪。

广西巡抚金鉷，非常赏识师爷袁鸿推荐的袁枚，对他关爱有加。两年后，袁枚异地中举。次年参加朝廷科考，以二甲第五名中进士，选入翰林院任职。

这一年，袁枚二十四岁。

根据记载，袁枚二十四岁时春闱中进士，名列第

严子陵钓台

五，选庶吉士，入翰林院，习满文。冬乞假归娶王氏。二十七岁庶吉士三年期满，满文考试不及格，外放江南县令。

袁枚是一代才子，语言天赋极高，但满文考试却不合格，这让人唏嘘不已。是他荒废学业、不思进取吗？还是儒家思想根深蒂固，不屑学习满文？时至今日，这成了一个谜！而谜底，也许只有袁枚自己知道，或者说连他自己也不知道。

满文考试不及格，翰林院是待不下去了。乾隆七年（1742），袁枚被外调做官，曾任沭阳、江宁、上元等地知县，还被聘到江宁任帘官（同考官），协助主考官批阅江南乡试考卷。任职期间，袁枚不避权贵，推行法制，政绩显著，时任总督尹继善对他十分赏识。

先是辗转各地做官，后又隐居金陵（今江苏南京），钱塘人袁枚，对于钱塘而言，倒像是一名过客。虽然没有叶落归根，但他晚年多次回到钱塘。

让袁枚想不到的是，因为他和一众文人雅士，两百多年后的今天，杭州潮鸣街道东园社区的大树路（原大树巷），已被打造成"袁枚故里""宋词雅韵"，摇身一变成了宋词一条街。

"潮鸣"是一个很诗意的名字，那为什么叫潮鸣呢？原来，在宋代，这里有个"归德院"，赵构曾在这里住过一夜，睡至半夜，有呼呼声传来，赵构十分惊恐，以为金兵追来。随从告诉他，这是钱塘江的涛声，于是他给这个寺庙赐名"潮鸣寺"。现在，潮鸣街道已经成为城市中心，钱塘江的涛声自然是听不到了。

徜徉街巷，随处可见鳞次栉比的徽派风格建筑，墙上装饰着一首首袁枚和宋人的诗词，整条街流淌着无尽的雅与韵。东园幼儿园的围墙外，几株桂花，一丛竹子，晚年袁枚穿着对襟布衫，右手捋须，左手靠背，正在路边眺望着，若有所思……

西湖范本

任县令七年，袁枚政绩不俗，深得百姓爱戴。

然而，他从小厌恶八股，生性通脱，向往自由，虽说甘愿为天下苍生所计，但对官场琐碎忙碌、应酬逢迎之事实在厌恶，不愿为上司大吏做高等听差。在官场，他虽为知县，但归根结底还是一颗普普通通的棋子，只能任人摆布，仰人鼻息，这显然不是他所要的生活，他要的是"清茶一杯"的宁静与淡泊。

慢慢地，袁枚萌生了归隐之心。

袁枚做过上元、江宁县令，十分喜爱金陵的灵秀之气、人文氛围。金陵城北门桥往西二里，是清凉山的支脉小仓山，南唐时，李昪、李璟、李煜就曾在清凉山避暑。小仓山有二岭，一直延伸至北门桥。一日，袁枚站在山顶，俯瞰金陵城，南面是雨花台，西南是莫愁湖，北面是钟山，东面是冶城，东北面是孝陵、鸡鸣寺……金陵美景，尽收眼底。

不知不觉，袁枚爱上了小仓山。

乾隆十四年（1749），袁枚的父亲袁滨去世，家中只剩下年迈的老母亲章氏，三十四岁的他毅然决然提交了辞呈，只说是想要收购金陵小仓山北麓荒废已久的隋园，用于养病居住。就这样，全金陵都知道了名噪一时的袁大人辞了官，要来隋园定居。

隋园，是江宁织造隋赫德的私家园林，废弃已久，破败零落，袁枚以"三百金"的价格收购了隋园。

"茨墙剪阖，易檐改途。随其高，为置江楼；随其下，为置溪亭；随其夹涧，为之桥；随其湍流，为之舟……就势取景"袁枚按照他心中的想法，出资大加修缮，对隋园进行"一造三改"，力求实现"壶中天地"的最高境界。

"壶中天地"是一个典故，故事源自《后汉书》。东汉时有个叫费长房的人，一日，他正在酒楼喝酒解闷，突然看见街上有一个卖药的老翁，悬挂着一个药葫芦在兜售丸散膏丹。不久，街上的行人渐渐散去，老翁就悄悄钻进葫芦里。费长房看得目瞪口呆，心想这位老翁绝非等闲之辈。于是，他买了酒肉，恭恭敬敬地拜见老翁。老翁得知他的来意，带着他一同钻进葫芦中。当他睁开眼睛，满目皆是亭台楼榭，雕梁画栋，奇花异草，蜂飞蝶舞，宛若仙山琼阁，别有洞天。

费长房跟随老翁十余日，最终学得方术。临行前，老翁送他一根竹杖，他骑上竹杖，健步如飞。返回故里时，家人大吃一惊，原来"壶中一日人间一年"，费长房已离家十余年，家人都以为他死了。从此，费长房开始行走江湖，医百病，驱瘟疫，造福于民……

"壶中天地"是袁枚的追求与向往。他先后恢复、新建了金石藏、环香处、小眠斋、峻山红雪、香雪海、群玉山头、绿晓阁等二十四处迷人景致，兼顾自然与人文，两者相得益彰。不仅如此，他还依照四时、天气变化，设计了各具特色的景致，宜四季、宜晴雨，为"壶中天地"赋予了新内涵。不出一年，袁枚就将这座荒废的园子改造成集山水、人文于一体的私家园林。园林拥有一百余亩田产与养殖场，雇用农夫、杂役三十余人。随后，他将"隋园"更名为"随园"，自诩"随园居士"。

除容纳天地四时之景外，袁枚还对自己的园林植入了浓浓的乡愁。毕竟，钱塘是故乡，他二十岁之前都是在钱塘度过，那里有他的童年，有他成长的足迹，那种刻骨铭心的乡愁不是说忘就能忘的。而钱塘最知名、最具特色的，便是西湖。因此，袁枚在修整园林时有意仿造西湖诸景，这样，便有了"居家如居湖，居他乡如故乡"的感觉了。他还在园林里开了一汪清泉，种了一片矮草，在池中放养了许多红鲤鱼，这景致与西湖的"花港观鱼"十分相似。

随园，是袁枚人工仿造西湖自然景观的杰作，他为随园植入了更深刻的情感，把他的园林思想通过园林景观来表现，使"壶中天地"更有内涵。

面对美丽的随园，袁枚一直在思考着："这么好的景色总不能关起门来一个人享受啊，独乐乐不如众乐乐，随园随园就是要随意，不如将四周的围墙拆掉，让金陵的人们都可以随意到园中游玩。然后，写一本《随园食单》，用玲珑之心烹饪钱塘美食，让游客就着美景，品着美食，吟诗作对，烹茶为乐。丝竹管弦、莺歌燕舞时，将诗作与众家分享，岂不美哉？"

"放鹤去寻三岛客；任人来看四时花。"袁枚想到、说到、做到，他拆除随园四面围墙，还在正门挂上了对联，广而告之。于是，每逢佳节，随园游人如织，袁枚任大家进进出出，不但不加管制，还设茶待客，喝的全

〔清〕袁枚所著的《随园食单》

是西湖龙井茶。私人庭院成了"市民公园"，随园迅速闻名天下，虽远离京城，却是宾客盈门。袁枚既才华横溢，又与人为善，文品、人品没的说。虽然随园没有围墙，但许多朝廷命官造访随园时，就在数里之外的"红土桥"下马步行，以表对袁枚和随园的尊重。

归隐后，袁枚没有了官场的羁绊，可以按照自己的喜好来生活，想怎么着就怎么着，无拘无束，激情喷涌，创作了大量作品，并广纳弟子，刊刻诗集，成为乾嘉诗坛一代天骄，引领一代诗风。特别是随园免费开放，为袁枚吸引了不少"袁粉"。《随园食单》出版后，游客慕名购买，将书籍抢购一空，一时洛阳纸贵，袁枚从中挣得不少，弥补了改造随园的一部分亏空。

袁枚根本不会料到，他的随园日后会成为《红楼梦》中大观园的原型！

当然，袁枚也不会料到，在中国古典园林史上，他的随园会成为后代园林建造者学习与借鉴的范本，价值之大，影响之深，实为罕见。

嘉庆二年十一月（1798 年 1 月），袁枚去世，享年八十二岁，葬于金陵百步坡。

在袁枚去世两百多年后，在他的故乡杭州，西湖全景拆除了沿湖围墙，免费向游人开放。拆围墙、舍门票，杭州将一位游子的理念，成功复制！

最爱龙井

古人隐居，一般都是年长者，而袁枚是另类。他从三十四岁就开始隐居，到八十二岁去世，足足过了近半个世纪的归隐生活。在隐居三年后，因修缮随园花费巨资，经济窘迫，袁枚曾经短暂外出做官，但大部分时间都在随园居住，读书写作，以文会友，传道授业，小日子过得风生水起。

每每有客人，袁枚总是要提醒下人用老家钱塘的西湖龙井茶招待，抓住机会推介家乡。"龙井茶色泽翠绿，香气浓郁，甘醇爽口，形如雀舌，有色绿、香郁、味甘、形美之四绝。"只要一提起龙井茶，袁枚便两眼发光，口若悬河，如数家珍。

袁枚爱茶，也爱行走。因为行走，他更爱茶。

袁枚访遍名山大川，天台、雁荡、四明、雪窦、黄山、庐山、武夷……足迹遍布浙江、江西、广东、广西、湖南、福建等地。袁枚有写日记的习惯，短则数十字，长则百余字，类似于当代的微博体，用来记录一路所见所闻所想。每到一处，除了欣赏美景，袁枚还对当地的茶文化十分

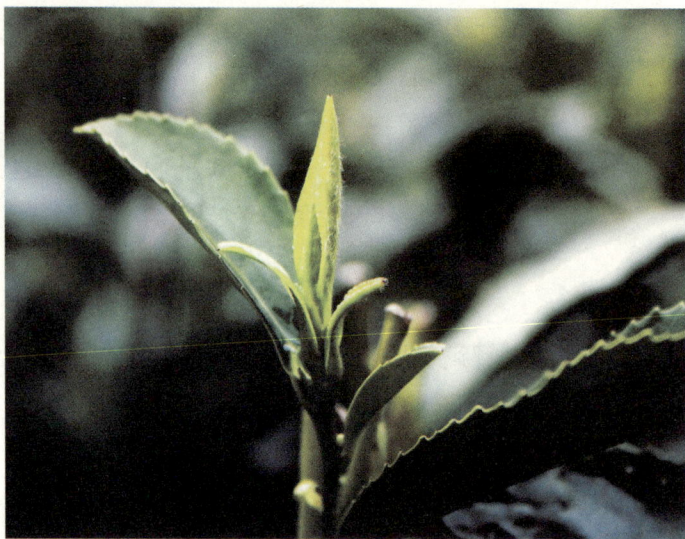
龙井茶叶

感兴趣，都要细细品尝当地的名茶，并与龙井茶进行比较，把感受一一记载下来。常州阳羡茶"茶深碧色，形如雀舌，又如巨米，味较龙井略浓"，洞庭君山茶"色味与龙井相同，叶微宽而绿过之，采掇最少"。六安银针、梅片、毛尖、安化茶等，他全都尝了一个遍，评了一个遍。

袁枚七十岁时，与学生一同游历武夷山，对武夷山茶高度评价。此前，他也喝过武夷山茶，曾吐槽武夷山茶"茶味浓苦，有如喝药"。但这次在天游寺，僧侣给他献上了一杯茶，茶杯小如胡桃，茶壶小如香橼，每斟一杯不足一两，喝到嘴里舍不得咽下去，只好慢慢品尝，结果他却因此闻到了茶的清香，品尝到了茶的味道，咽下后口中仍有茶的香甜。于是，他又联想到了家乡的西湖龙井茶……

《随园食单·茶酒单》这样记载："始觉龙井虽清而味薄矣，阳羡虽佳而韵逊矣。颇有玉与水晶，品格不同之故。故武夷享天下盛名，真乃不忝。且可以瀹至三次，而其味犹未尽。"

袁枚推崇武夷山茶为"天下第一",西湖龙井茶为第二。但这个"天下第一",指的是武夷山山顶的茶,数量极少,连皇帝都不够吃,平头百姓是无福享受的。而"天下第二"的西湖龙井茶普通人都能吃到,普惠天下的西湖龙井茶才是"天下第一"。

袁枚关于武夷山茶与西湖龙井茶谁是"天下第一"的狡辩,看似无理,却也说明他对西湖龙井茶那份独特的感情了。

那以后,袁枚更加痴迷于研习茶道。他的茶道不是茶道表演,没有"长龙式""甩背式"这些花架子,而是更讲究饮茶之道。尤其是西湖龙井茶,他说得头头是道:他认为龙井茶在清明前采摘,称为"莲心",因量少、出茶时间早而珍贵,但地力尚不足,为此,味略淡,需多放些茶叶才能泡出好茶。谷雨前的茶才是西湖龙井茶中高品,因为此时地力已足,是龙井茶的代表。因此,"明前茶"不如"雨前茶"。

在《随园食单·茶酒单》中,袁枚还总结出泡茶之水、煮水之法、饮茶之时等门道。

好茶配好水。好水以泉水为上,次为雪水,再次为河湖中心之水。泉水以中冷、惠泉为上,且必须注意贮藏,天然泉水(或雪水)要经过贮藏才是好水。刚出山的泉水,微微有点刺口,经过贮藏才会显现出甘甜的味道。在钱塘老家,他就是用虎跑泉水煮龙井茶,喝过的人都赞不绝口。

泡茶有门道。烧水要用猛火,最好用"穿心罐",因"穿心罐"受火面积大。水刚开就立刻泡茶，烧过度了水会变味。茶泡好后就要喝，若盖上后再喝，茶就会变味。

有一年，袁枚的老朋友毕尚书造访。袁枚盛情接待，第一道程序就是奉茶，当然袁枚奉的是西湖龙井。当一杯碧绿色的龙井茶摆在桌面时，毕尚书想用茶杯盖盖上，袁枚马上阻止："且慢！先看茶色，再闻茶香。"

毕尚书看了一番，闻了一通，喝罢大赞："好茶！"

袁枚不仅饮茶有道，还是一位著名的美食家。袁枚认为，学问之道，先知而后行，饮食亦然。只要听说哪里有好吃的东西，他一定会逼着自己的厨师上门拜师学艺，还用轿子抬着厨师来随园烹饪美食，这让他掌握了诸多美食、私家拿手菜的第一手资料，最终成就了《随园食单》。

《随园食单》从烹饪技术理论出发，从采办加工到烹调装盘以及菜品用器等，都做了详尽的论述，并对许多地方的美食进行点评鉴赏。内容可以分为两部分，第一部分是基础理论，包括"须知单"和"戒单"，重点体现作者的食馔审美思想；第二部分是菜谱，按照食物种类开列海鲜、江鲜、杂牲等单，在各单下列同种食物的不同做法。全书共十四单、一序，含三百多种南北菜肴的详细做法，山珍海味、小菜粥饭、名茶美酒，堪称一部精编版的中国饮食百科全书。

当然，《随园食单》里，钱塘菜肴是重头戏。

两百多年过去了，如今在杭州，袁枚和他的《随园食单》依然影响深远，杭州人的餐桌上依然常见带着浓厚杭帮味道的"随园菜"，鱼圆、糯米藕、酱肉……应有尽有。《随园食单》其实就是一部美食烹饪秘籍，你可以按照《随园食单》提供的方法，轻轻松松整出一桌"随园菜"，快快乐乐享受一次"袁枚宴"。

西湖咏史

袁枚游历南方名山名水，故乡钱塘自然不会错过。一日，袁枚带着儿女一同游览西湖。那一天，他要去两个地方，一个是"岳王庙"，另一个是"苏小小墓"。

西湖栖霞岭南麓的"岳王庙"，始建于南宋嘉定十四年（1221），后因岳飞追封鄂王而称"岳王庙"。正殿西侧壁有明代浙江参政洪珠题写的"尽忠报国"四个大字，正殿中间是岳飞塑像，像前高悬"还我河山"匾额，相传为岳飞手迹。

墓园以块石围砌，周围古柏苍翠，墓道两旁陈列着石虎、石羊、石马和石翁仲，阶下有陷害岳飞的秦桧、王氏、张俊、万俟卨四人铁铸跪像，反剪双手，面墓而跪，背后墓阙上书"青山有幸埋忠骨；白铁无辜铸佞臣"的楹联。

走在墓道上，袁枚心情十分沉重。他仿佛看到，金兵的铁蹄正扬起漫天灰尘，随后便是尸横遍野、山河破碎！他仿佛听到了"还我河山"的怒吼，听到了"直抵黄龙府，与诸君痛饮尔"的铿锵之声，听到了"撼山易，撼岳家军难"的感叹，听到了"三十功名尘与土，八千里路云和月"的豪言壮语，听到了临安大理寺传来的拷打声，听到了"天日昭昭，天日昭昭"的呼喊！他，分明看到民族英雄岳飞，重重地倒在了"莫须有"的罪名下，含冤而死……

江山也要伟人扶，神化丹青即画图。

赖有岳于双少保，人间始觉重西湖。

国难当头，奸臣当道，民族英雄，名垂千古！袁枚老泪纵横，心潮起伏，当即写下了《谒岳王墓》。而这首诗，成为他咏史诗中极具代表性的作品之一。

第一句"江山也要伟人扶"出句非凡，表明了江山社稷需要杰出人物来支撑的态度。第二句"神化丹青即画图"勾勒了西湖的绝色美景，袁枚是来谒墓的，为什么要赞美西湖景色？这是耐人寻味的。而第三、四句"赖有岳于双少保，人间始觉重西湖"马上给出了答案，西湖仅有美丽的自然景观是单薄的、肤浅的，必须要有深厚的人文底蕴来支撑，让自然景观与人文景观相互映衬、相得益彰。只有这样，天下人才会更加敬重西湖、喜爱西湖。

袁枚认为，岳飞是宋代的民族英雄，于谦是明代的

西湖夕照

民族英雄，他们一身正气、尽忠报国，却不幸遭到奸臣的陷害，应受人敬仰、怀念。西湖正是因为有了岳王庙和于谦墓（于谦葬于西湖三台山中），才有了正气，才有了内涵，才有了特色。

在艺术上，这首绝句短小、精悍、含蓄，既赞江山，又赞伟人，以江山烘托伟人，抒发了对千古英雄人物的景仰之情和不尽赞美。而这种感情，袁枚有，广大民众也有，诗虽短，却充满力量。

袁枚与纪晓岚有"南袁北纪"之称。

在清代诗坛，袁枚的"性灵说"诗论独树一帜，影响深远。他说，诗词歌赋创作的风格和手法应该改变，不提倡以谁的诗词歌赋作标杆，只有在思想层面和艺术形式上追求创新，才能写出前无古人后无来者的惊世骇俗之作。优秀的文人，一直秉持"诗写情性"的思想，诗歌创作要体现真情实感，不应为了迎合谁或者追求一种风格就破坏了当初的心性。无论在哪朝哪代，只有拿捏真性情的人，才能表现出自然清新的元素，才能让后人敬仰。

除了岳王庙，那一日袁枚还去了苏小小墓，在诗里引用了唐人的诗句——"钱塘苏小是乡亲"，并把这句诗刻进了一枚私印。

有一次，毕尚书路过金陵，向袁枚讨要诗册，袁枚将盖了那方私印的诗册给了他。尚书大人看到"钱塘苏小是乡亲"几个字后竟然大声地指责他，说苏小是妓女，你却将她比作乡亲，真是不重礼数。起初，袁枚还觉得很过意不去，赶紧对尚书大人道歉，哪料尚书大人还是喋喋不休，袁枚气不过，驳斥道："尚书大人虽然贵为一品官员，苏小虽然低贱至极，但百年之后，就怕大家还知道苏小，却不知道尚书大人的名讳了。"

为了一个生于一千多年前，与他毫无相干的青楼女子，袁枚居然当面驳斥一品尚书，足见"钱塘苏小"在他心目中的地位。封建士大夫往往都有男尊女卑的思想，但在袁枚看来，男女应该平等，因此，他收了很多女弟子，鼓励女子诗文创作。尽管有人非议，但袁枚根本不为所动，最终培养出一批优秀的女诗人。

袁枚晚年曾在西湖宝石山上举行过两次著名的诗会，出席者皆为其女弟子，多至十三人。第二次诗会时，袁枚已八十一岁。袁枚的举动引来了文人的责难，他一般都一笑置之，后被骂得不耐烦了，才在绝命诗里反击：

> 两脚踢翻尘世路，一肩担尽古今愁。
> 如今不受嗟来食，村犬何须吠不休。

参考文献

1.〔清〕袁枚：《随园诗话》。

2.〔清〕袁枚：《随园食单》。

3.〔清〕袁枚：《小仓山房文集》。

4.〔清〕方浚师：《随园先生年谱》，载《袁枚全集》。

"松壶小隐" 钱杜

钱杜（1764—1845），初名榆，字叔枚，后更名杜，字叔美，号松壶小隐，亦号松壶，亦称壶公，仁和（今浙江杭州）人。诗人、画家和书画评论家。

钱杜出身仕宦，性闲旷洒脱，好游大江南北。擅画花卉、人物，尤工山水，亦工诗文。著有《松壶画忆》《松壶画赘》等。传世作品有《虞山草堂步月诗意图》《紫琅仙馆图》《墨梅图卷》《玉山草堂图轴》等。

寒香千古

清嘉庆二十一年（1816）的冬天，雪下得特别早，也特别大，淡紫色的梅花配合着雪景，或已早早开放，或正花苞初现，点缀在白皑皑的大地上，显得生机一片，煞是令人喜爱。

西湖有三大赏梅胜地：孤山、灵峰和西溪。这三个地方，钱杜最爱西溪，因为他曾在《雍正西湖志》中看到了这样的记载："自古荡而西，并称西溪……其地宜稻、宜蔬、宜竹，其水宜鱼，而独盛于梅花。盖居民以梅为业，种梅处不事杂植，且勤加修护，本极大而有致……"

这段文字，让钱杜对西溪梅花印象深刻。

这天上午，大雪初收，钱杜便约上老友郭先生等人往西溪而去，此行一为赏梅，二为拜见老友章次白，那里正有好茶好酒等着他们。一行人在雪中走走停停，或许是雪后的新鲜空气让他们神清气爽，走了一个多时辰竟一点也不觉得累。当他们到达西溪泊蘐南面丘家门时，章次白已在他所建的梅竹山庄迎候他们了。多时未见，众人显得格外亲热，作揖行礼后，自是一番寒暄。

章次白笑盈盈地将钱杜等请进"梅竹吾庐"坐下。"给先生们上茶！"随着章次白一声招呼，下人随即端上冒着热气的茶水，一看茶色、一闻茶香，便知是上等的龙井茶，早有些口渴的钱杜接过来立即喝了一口："好茶！好茶！贤弟，这场雪下来，你说西湖龙井茶是否会被冻坏？"

章次白也喝了一口，啧了啧嘴说："希望这雪不要下得太久，不然就难说了。奇怪的是，这么冷的天，梅花倒是没有爽约，还开得早了！"章次白说起梅花来，两眼有些发亮。

"这梅花就是气节不凡呀！"钱杜跟着赞叹了一句。

出身书香门第的章次白，能诗善文，品格高逸，爱好梅竹，所以将自己所建的山庄命名为"梅竹山庄"。而钱杜年纪虽比章次白大十来岁，但两人爱好相近、脾性相投，自然成了好友。梅竹山庄不仅是这两位好友经常相聚之地，也是好客的章次白以诗画会友的所在。他所交好友多为江浙诗坛画界的名士，每到梅花盛开之际，就邀请文人雅客到山庄吟赏风光，饮酒酬唱。

两人饮罢茶起身往外走。

梅竹山庄主要由会客场所"梅竹吾庐"、居住之地"萱晖堂"和书斋"虚阁"三个主体建筑构成，梅香细绕舍，竹翠低映亭，简朴自然。虚阁离梅竹吾庐七八百米远，一条石块砌成的小径被白雪覆盖得严严实实，两旁种的皆是梅花，看上去不少还是含苞欲放，在白雪的半包裹下，显得有些娇羞，不由得令人有些怜爱。

"寒梅独为雪花开怀，雪花只为寒梅下凡。"钱杜一边伸手为几朵梅花掸了掸雪，一边自言自语。一旁的章次白和郭先生则笑钱杜开始"儿女情长"了，大家一路赏梅，一路说笑，不知不觉虚阁到了。

步入虚阁，书香墨气扑鼻而来。

"叔美兄，请！"章次白早已备好笔墨纸砚，赏完梅自然要画梅，这已是多年的老规矩了。钱杜亦不推辞，拿起笔想了想却又放下了。他走到窗边，两眼望着雪地里的梅花，发呆一样许久没有出声。

"叔美兄，你这是怎么了？"郭先生凑上前问道。

"我胸中已有一幅梅花图，但今天恐画不出来。"钱杜答道。章次白知道钱杜的脾气，在没想好之前，他从不轻易下笔，他的这一性格犹如梅花有些孤傲，但让人肃然起敬。

转眼到了第二年的六月。一天中午，阳光热辣，酷暑难当，许多人都不敢出门，钱杜却摇着纸扇、踏着蝉鸣来到了梅竹山庄，显得很是轻松。章次白刚请他坐下，茶水还未及递上，紧随钱杜而来的郭先生便将捧在手中的一幅画在长木桌上小心翼翼地展开。

"好一幅梅花图啊！"才瞄了几眼，章次白就发出了惊叹。只见这幅本该在去年冬天完成的梅花图，图绘嶙峋老梅树一株，主干盘曲而上，冲出画外，又于树梢处折回，上下呼应，气脉相通，笔断而意周。图中，繁花似锦，毫无妖媚、纤弱之态。

"此梅花图尽显梅花的劲峭冷香、丰韵傲骨，观之，如感寒香浮动，身置天外！"章次白再次鼓掌叫好，"叔美兄所画的梅花'多而不繁，少而不亏'，神采奕奕，栩栩如生。可以想象，为了画好这幅梅花图，你不知构思和修改过多少次，才有如此风格，这大半年我没有白等啊！"

一旁坐着喝茶的钱杜只是笑着看章次白品画，没有多说话，或许画上的题识已经说明了他想要表达的："仿项子京意。嘉庆丁丑（1817）六月暑中挥汗作，钱叔美。"又题："写梅无他法，在信手挥洒而已。元人多南宗，故下笔全用性灵，所以神韵特妙。宋人院本皆北宗勾勒填染，无一豪生气，此士气之所以为贵也。如东坡、米老，则皆是天仙化人，不可概论矣。叔美记。"

清代绘画、治印大家伊秉绶，曾在钱杜的梅花画册上信手写下"寒香千古"四个字，以此评价此图，这是后话。

奇思妙想

钱杜生性闲旷，洒脱拔俗，喜好游历，足迹遍及全国各地，大自然的鬼斧神工开阔了他的视野，丰富了他

〔清〕钱杜仿项元汴《梅花写意图》

的画意画境。他来到杭州后，定居在宝石山下，爬宝石山成了他的习惯。

宝石山不是很高，最高峰也不过百米，但身处闹市，山中绿树成荫，鸟语花香，宛然一个大氧吧，蛤蟆峰更是欣赏西湖全景的好地方。钱杜常常和朋友们说，爬宝石山不仅锻炼身体，还给了他创作的灵感，是一个风水宝地。

嘉庆二十四年（1819）的一个秋日，天空湛蓝清澈，很容易使人萌发登高望远的念想。钱杜早早约了老友张坤一起去爬宝石山，张坤不仅棋琴书画样样精通，也喜欢出游，两人无话不谈。与其说一起爬山，倒不如说是一起互学交心。

在阳光照射下，宝石山如流霞缤纷，熠熠闪光。看着这如画风景，钱杜和张坤心情甚好，一时兴起，两人还捡起细细的竹枝，在地上写写画画。两人不知不觉就来到了保俶塔下，找了一块岩石，坐下来休憩。

"月樵兄，你知道，我一生都在收集和观赏古人的画作，年岁大了，时间长了也有所感悟，看到许多画作被人不解，心中十分怜惜，所以我想做一件事，写一本书，写的是对古人画作的理解和分析，对他们的手法、技巧等做分析。"

"这个太好了，这本书由叔美兄来写最是恰当了！"

作为十多年的老友，张坤对钱杜最了解不过了：受良好家风熏陶，钱杜少年时即工诗文，诗学唐代岑参、韦应物，诗意清旷；书法学唐褚遂良、虞世南，有清俊温雅之气。擅画山水，宗法赵令穰、赵孟頫、王蒙、文徵明等，以细笔和浅设色为主，运笔松秀缜密，所画山石、人物形象，能寓巧密于朴拙之中；花卉学恽寿平，略变其法，明净细秀，自成一家；画梅花师赵孟坚，幽冷疏散，香气从十指间出，可与金农、罗聘并驾齐驱……这样一位诗书画全才，实属凤毛麟角。

"书名我都想好了，就叫《松壶画忆》，你看如何？"钱杜虚心地问道。

"嗯，松壶先生留画忆，这可是留给后人的最好财富啊！"张坤点了点头。

"到时候自然少不了月樵兄的点拨呐！"钱杜依旧显得很谦虚。

"不敢，不敢，我只要等着拜读就是！"张坤对着钱杜作了一揖。

"可是啊，我总不能一直跟在前人的屁股后面，所以还想再写一本，便是我在前人的画作之上加上了自己的分析，提出新的绘画风格，给后世介绍画作的款识、题诗、印章的运用规则，这两本书算是我给后人留下的一点东西吧。"钱杜把藏在心中多年的想法都告诉了张坤，这不由得让张坤对钱杜又多了一分认识：他不仅有才气，更具有责任感，他是想把中国的传统好东西一代代地传下去啊！可要写这两本书不是件易事，需要花费很长的时间和很多的精力，他一个人应付得了吗？

见张坤没有立即搭话，钱杜似乎读懂了他的心思，不由得"哈哈"一笑："我这把身子骨还硬朗着呢，还能再画几十年！"张坤也笑了："叔美兄说笑了，你有天人之相，怕是再画百年都不为多！"

"来，让我们一起攀高峰！"钱杜似乎是一语双关。他站起身来向着宝石山最高峰蛤蟆峰而去，张坤紧紧跟了上去。两人很快登上了蛤蟆峰，眺望西湖，只见白堤玉带，明镜一片，令人心旷神怡。张坤知道，此时的钱杜胸中装着的不仅是"丘壑"，更有"两本书"！

下得山来，回到钱杜家中，离中饭时间尚早，钱杜便将张坤领进书房，说有一件礼物相送。张坤猜想可能是一幅画，果不其然，钱杜打开柜子，取出了一幅已经精心装裱好的画，画卷徐徐展开，张坤的眼睛就再也没有离开画卷。此画以高远法构图，画的是紫琅仙馆之景。近景古树参天，清溪潺流，小桥横卧，一人策杖而行。中景草屋数间组成一庭园，中间屋宇坐有二人，一位是主人，一位是访客，琴童侍立。远景山峦重叠，山泉直泻，白云缭绕，一寺院楼阁隐现于山间。全图青绿设色，用笔纤细精密，清新秀逸。

"绝了，绝了！这不是赵孟頫先生的画吗？"张坤有些吃惊，赵孟頫是他最崇敬的前辈书画家，这一点他曾和钱杜多次提起过。"是的，此画专为你而作，我曾有幸在京城见过真迹，知道你最崇敬赵孟頫先生，所以特地背临一幅送给你！"钱杜解释道。张坤听罢，甚是感动，重情重义者叔美也！这幅非同寻常之画，描写了文人高雅清幽的生活，这不正是叔美理想追求和人格魅力的写照吗？

细细品画，张坤又发现了惊喜之处，此画虽源于赵孟頫原作，但用笔细密工整，人物、楼宇刻画精微，古拙之中见灵秀之气，分明具有明显的钱杜画风。

"此画既是赵孟頫先生的，也是叔美兄的。这让我想起了上午爬山时你说的那两本书，你博采众长，孜孜钻研，不仅是为了传承，更是为了创新！叔美兄若真有需要，我愿当你的写书助手！"张坤由衷地说。

钱杜不为正统派画风所拘囿，从传统艺术中突围，形成了一种空灵清冷、雅秀绝伦、似梦似幻的绘画新风尚，这一点让张坤佩服得五体投地。

松壶收徒

道光十九年（1839）春日的早晨，杭州宝石山下听风小亭的院外站着三个人，一人穿灰色长袍头戴丝帽，另两人穿着私塾的衣裳，手中拎着点心盒子。

"今日是先生的生辰，来拜贺的人定然多，我们来得早些，也好帮忙布置布置。"一名书生对着另一名书生说，只是对方并没有那么兴奋，反而连连打着哈欠，一脸不耐烦的样子。

"两位也是来给先生拜寿的吗？"一旁的长袍男子上前搭话，他一身风骨，看上去就像是画卷中走出的神仙一般。

"正是。今日是先生生辰，我曾经与先生有缘一同游历，所以这一次带上自己的好友前来拜寿。"那名文质彬彬的书生微微颔首，随后转身看了看同行的书生，那人依旧是一副困倦的样子。

"看来这位小友甚是倦怠，这会儿倚靠着院墙都快要入梦了。"穿着长袍的男子指着那名书生打趣，本想把他逗醒，可是那书生好像压根就没听到男子说的话。

"先生千万不要怪罪于他，我这好友是私塾先生器重之人，作画赋诗皆有造诣。昨天我曾与他说起今天要来拜访先生，可是不知为何，他却一个人在院子里喝了个酩酊大醉，还写了数十张诗篇，天女散花般散落了一地。”

“无妨无妨，饮酒作诗竞锋芒，少年就应该有这样狂放不羁的个性。”两人正聊着，院子里传来了脚步声。不一会儿，有人来开了门，倚靠在墙上的书生被开门声惊醒，竟一屁股坐在了地上。

“几位客人，叔美还没有睡醒，各位不要在外面站着了，随我进院去吧。”

出来开门的不是别人，正是钱杜的兄长——钱树，长得与钱杜十分相似，但没有钱杜那般消瘦。钱树早些年受钱杜的影响，毅然决然地辞了官在家研习书法画作，现在差不多与钱杜齐名了。

“先生早。”

穿着长袍的男子对着钱树行礼。

“子延早。”

书生愣了愣，原来这位就是钱杜的门生蒋宝龄。

钱树带着几位一路经过了门前的花圃，进入了山水园林之中。

“几位可以在这里随意观赏，这园子是我与叔美一同布置，画廊上的画作和书作都是叔美所作。”说完，钱树告辞朝里面走去。

蒋宝龄拍了拍自己的袖口，转过身去观赏园林景色，书生在一旁谨慎地说着："学生失礼了。早就听闻蒋先生已拜在钱先生门下，今日得见，有幸有幸了。"

"先生并没有正式收我为徒，不过我确实是以门生的身份经常前来拜访。"蒋宝龄笑了笑，一转身才突然发现，刚才那位险些睡着的书生却不见了踪影。

"要我说，你们看到的都是先生的清雅和宽容，我却觉得先生的笔法才是最为难能可贵的。"眨眼间，那名少年书生又从画廊的另一侧走了出来。

"小兄弟有何高见？"

"就从我们面前的山水画开始说起，这山水画要传神就必须要下笔有力，而先生却以细笔和浅色色调为主，缜密地描绘出所表达的景象，而并非一味地追求波澜壮阔，这反而赋予整幅画朦胧的美感。"

蒋宝龄不禁感叹起来："你小小年纪竟然能如此懂得先生的画意，我方才还将你列为自命不凡之人，现在看来是大错特错了。"

"刚刚从这画廊一路转过来，我发现先生的画作和书法有一种独特的雅秀绝伦意境，就连先生的篆刻，不论从章法还是刀法来看，都可以称得上是我们浙派的上乘之作，而且篆刻的诗文也应园林中的风景。这一次，当真是来了一个好地方。"

那书生拍了拍另一个书生的肩膀，悠然自得地又走了出去。

"佩服佩服！没想到这位兄弟小小年纪，竟能将先生的风格总结得那么精准，分析得这么透彻！"

正说着话，门口又走来了一位白发老先生，正是钱杜的老友郭先生："方才老夫在门口驻足，听了这位少年的高见，说得入情入理，我深以为然。只是我要特意品一品你们面前的这幅《虞山草堂步月诗意图》。"

郭老先生这么一说，原本已迈步往外走的轻狂少年蓦然回过头来，对着《虞山草堂步月诗意图》仔细看了看："这整幅画面与题诗虽然相辅相成，浑然一体，但在景物具体的细节上又有不同。就说画中院墙内外有三处玲珑假山石，并非像是题诗中所说的皆为深林。远山以两笔深蓝勾勒，天空则是淡蓝，画中人物衣物颜色也是蓝色，这大概就是先生想表达的天、地、人三者融为一体的用意吧？"

少年话音刚落，郭老先生就摸着胡须仰天大笑，一边笑，一边说："好，好，不愧是自古英雄出少年！"

众人没想到的是，他们进园不久，钱杜已经起床收拾好走了出来，站在园林的听风小亭下，远远地看着他们，听他们说话。

"先生，要不要将客人们带过来？"

一旁的学生为钱杜端来了一杯茶，又看了看画廊的方向。

"无须如此，我也想看看世人到底是如何评价我的画作，也正好看看子延的长进。"说话间，蒋宝龄邀请大家来到了钱杜早期的山水画作《仿云林山水图》前。未

〔清〕钱杜
《虞山草堂步月诗意图》

等他人开口，那轻狂少年就已开始点评："这幅画画的是山水交融、山有深意湖有深情的景象。整幅画作应有尽有，却空无一人，总能在不经意间让人深思遐想。模仿别人的画作不难，难的是创作出自己的风格。"

"先生从模仿别人的画作开始，一点点地突破，渐渐地才形成了自己的风格。可是如果模仿了别人的画作，时间一长就很容易迷失自己，失去对自己能力的把控了。"蒋宝龄补充道。

"你们说我一直在模仿中突破，可是你们看到的这些突破，都是碰运气的，我从来都找不到任何一种适合我的风格。"钱杜在学生的搀扶下，慢慢地走了过来，和蔼可亲。

"先生今日生辰，我等特来拜寿，希望先生能够福如东海长流，寿比南山常青。"

两名书生像早就准备好了似的，将这贺寿词说了出来，然后将手中装着流芳斋糕点果子的盒子递了上去。

"其实啊，你们刚刚在园林中的话我都听见了，你们对我这把老骨头的评价，已经是送给我最好的礼物了。尤其是这位少年，年纪轻轻，看似轻狂却又心思细腻，让我想起贺知章先生当初遇见李太白时，也是被李太白的轻狂有为所感动，所以极力推荐他入朝为官。你是否愿意做我的学生？"

钱杜笑盈盈地问着，那轻狂书生很有礼数地一鞠躬，说道："今日能够得到先生夸奖，已是莫大的荣幸，但做您的学生，我现在还万万不敢。正如您所说的，我性格轻狂，从来都是醉心于诗书，没有在书法画作上下过功夫，不过我的师兄却是有心成为先生的学生，希望先生能够允许，让师兄先成为您膝下弟子，可否？"

少年看了看一旁的书生，钱杜也朝他看了看。

"原来你一直想要跟着我学习，我却一直把你当成忘年小友，如此我便收你做我的弟子，协助我完成《松壶画忆》如何？"

蒋宝龄听到这里，赶紧走上前："先生，既然小友已经得偿所愿，我想为自己也求一求，可否一并将我收为弟子？"

钱杜笑了笑："你走到何处，何人不说你是老夫的学生呢？我虽没有亲口答应，但是大家都如此认为，不就是了吗？"

蒋宝龄赶紧走到钱杜面前跪下，那书生也跟着一并跪下："师父，一日为师，终身为父，从此我们便跟着您学习游历了。"

钱杜让学生扶他们起来："你们两个，一个可以继承我松壶画派；一个心思缜密稳妥，可承我书法一家。"他又指了指轻狂少年，一声叹息后道："你天资聪颖，独具个性，本可承我全身技艺……等你想好了，可否再来找我？"

"感谢先生！"轻狂少年正应允着，天开始下起了小雨。

"好雨,好雨啊！"钱杜一边抬头看天，一边喃喃自语。

这一天，正是钱杜七十五岁生辰。他也许没有想到，自己在政事上没留下什么作为，可在艺术上取得了成就，创立了"松壶画派"，成为嘉庆、道光年间中国画坛出类拔萃的一代宗师。

参考文献

1. 赵辉：《钱杜与〈松壶画忆〉》，《新美术》2008 年第 2 期。

2. 李晖：《博采众长 独辟蹊径——"松壶派"创始人钱杜画作赏读》，《收藏界》2011 年第 8 期。